法国 France
旅行助手
无微不至的旅行管家

《出境旅行助手》编辑部 编著

北京·旅游教育出版社

写在前面

旅行是一种体验,也是一种记忆。

背上行囊,开始远行。书在包中,包在肩上,路在脚下。

出境旅行助手丛书,是实现旅行梦想的工具,是答疑解惑的管家,是收藏记忆的百宝箱。我们以碎片化、图表化的结构,将旅行中可能会遇到的各种问题,直观呈现解决方案,让读者能在最短的时间内,规划出属于自己独一无二的行程,完成一次美好的旅行。

作为旅行助手,我们为您提供了最实用的旅行问题解决方案,随时静候查询:

—— 如何办理护照与签证?
—— 怎样订机票最便宜?
—— 如何解决目的地住宿?
—— 境外刷卡有什么要求?
—— 在境外如何打电话?
—— 出发时要带什么行李?
—— 如何从机场前往市区?
—— 哪些 APP 最实用?
—— 遇到了意外情况怎么办?

作为贴心管家,我们为您做出了科学的行程规划,吃住行游购娱,样样精心安排:

—— 吃什么最地道?
—— 住哪里最合适?
—— 怎样出行最便捷?
—— 去哪玩最经典?
—— 买什么最实惠?
—— 玩什么最尽兴?

凡此种种,对于一个出境游经验不甚丰富的人来说,都是迫切需要解决的

问题。

我们还以"过来人经验谈"的形式,晒出了数十位旅游达人的亲身体验,以期更加深入地与读者分享旅途中的点点滴滴……

说走就走,是旅行的号角;充分准备,是旅行的保障。著名作家王小波曾经说过:"当一切都开始了以后,这世界上再没有什么可怕的事。"Lonely Planet 创始人托尼·惠勒也曾说过:"当你下定决心准备出发时,最困难的时刻就已经过去了。"

亲爱的读者,还在等什么?快把我装在包中,一起出发吧!

PS 本书写了什么?

法国幅员辽阔,旅游景点超级丰富,是国内出境游的首选地之一。《法国旅行助手》作为"出境旅行助手丛书"的第一册,浓墨重彩地介绍了"去法国要做的9种事""4大步骤详解出入境""法国扫货必备攻略""细说法国驾车游"等内容。从行前准备到游玩攻略,从出入境到机票预订、酒店预订、国铁预订等,都事无巨细地进行了梳理,是中国游客前往法国旅行的贴心助手和专业管家。

随时都要排队等候 1

过来人经验谈

我没钱可我想旅行·女·旅游撰稿人·想要走遍全世界的文艺女青年

在法国,排队是一件非常重要的事,几乎做任何事情都需要排队,不管是买东西还是乘车都需要按顺序来,不能"夹塞"。

叶刀和阳光·女·某公司职员·注重旅行质量

来法国之前,很多朋友听说我要去巴黎,都要我帮忙带乔丹的鞋子。后来我在巴黎的一家专卖店买了七八双鞋子,店主看着我眼睛都放光,有一种我是销量保证的感觉,还留了联系方式,也聊过几次。后来听说要上新款,就打电话给店主,店主说你明天来店里买就好了。第二天到店里,有十几个妹子拿着号码牌排队,我也跟着过去拿鞋,店主直接把我拉到一边塞给我一张号码牌,告诉我不管是谁都要排队,于是我只好乖乖去队尾排队,感觉法国人真是太认真了。

法国旅行特别提示

Gexi有选择恐惧症·女·法国留学生·独自生活在法国的高中生

　　法国人注重排队的时候也极有人情味，有时候遇到老人、孕妇、残疾人等，不用他们要求，就会有人让他们先行办理，有时候他们直接到队伍最前方也不会有人提出异议。另外，如果你遇到特别紧急的事，只要和排队的人好好解释一下，排队的人都会心甘情愿为你大开方便之门。

 管家提示

　　在一些著名景点，一般都会安装电子设备，提示游客需要等候的时间。有些银行也会设置电视屏幕，播放一些影片供排队等候的人消遣娱乐。在许多游乐园，经常会有一些由真人扮演的卡通人物在队伍旁表演，以缓解排队者的焦虑。

注意一言一行

过来人经验谈

我没钱可我想旅行·女·旅游撰稿人·想要走遍全世界的文艺女青年

法国是一个非常注重礼节的国家,这体现在他们生活的各个细节。在各个景点游玩的时候,一定不要做出一些不礼貌的行为。如果你在公园里或是大街上,随手丢掉一个垃圾或者践踏草坪,周围的法国人都会认为你是个非常没礼貌的人。

Gexi 有选择恐惧症 女·法国留学生·独自生活在法国的高中生

还记得2013年的时候,法国的天气特别热,许多中国游客为了凉快在罗浮宫前的水池里泡脚。后来这些游客的行为不仅在国内网络上传开,也给法国人留下了一种中国人很没礼貌的印象。所以,当你在法国旅行的时候,一定要随时注意自己的言行,不要给自己的国家抹黑。

管家提示

在这样一个国家旅行,我们尤其要注意自己的一言一行。游玩的时候一定不要做出不道德且有损形象的事情。法国是一个非常爱卫生的国家,乱扔垃圾会让他们觉得你很没礼貌。

行走山水间·男·某公司职员·极其热爱旅行

来法国时间长了，就发现法国的男人非常"会来事儿"，"会来事儿"在这里是百分之百的褒义词。法国的男人对待女性非常绅士，处处身体力行，一点也不做作；女性对男性的这种行为也心安理得地接受，并不会觉得别扭。

 叶刀和阳光·女·某公司职员·注重旅行质量

法国男人嘴甜、爱贴脸、处处体贴，替女士开门、拎包等，还非常大方，舍得花钱。在法国人眼里，不管是在什么地方进餐，让女士掏钱都是非常不礼貌的行为。在一些高档的餐厅内，会专门准备两种菜单，一种是给女性看的菜单，这份菜单上只有菜名及介绍，并没有标价，只有男士拿到的菜单才是有标价的。这道理很简单，女士吃饭的时候无须考虑价钱，只要喜欢就可，埋单的事情全部是由对面的男士负责。

 管家提示

在法国，女士优先是一种约定俗成的习惯，因此男性游客在法国游玩的时候，一定要注意发挥绅士的风度。

女士优先的原则 3

文明留影很重要 4

 过来人经验谈

 Miss_Ho 同学 · 女 · 学生 · 喜欢一个人去旅行

许多中国游客拍照时的行为真的很让法国人无法接受。法国的许多经典空间都比较小，但游客众多。因此游客拍照都非常注重"速战速决"，而许多中国游客拍照时不仅长时间占用景点，还在别人拍照时挡住对方镜头，这是非常不礼貌的。

 叶刀和阳光 · 女 · 某公司职员 · 注重旅行质量

法国许多博物馆、美术馆为了保护展品，都出台了禁止拍照的规定。例如罗浮宫就禁止游客在油画展厅拍照，但是仍然有一些游客趁展馆管理人员不注意的时候，偷偷拿出相机拍照。管理人员上前劝阻，仍然有一些中国游客不听劝告，反而和管理人员无理取闹。

 管家提示

法国的部分景点是不允许拍照的，有些地方允许拍照也不可以使用闪光灯，所以在游玩的时候一定要留心观察景点的指示牌上有没有相关的规定。在拍照的时候，也一定要按照顺序来，不要因为这点小事儿伤了和气。

普罗旺斯薰衣草花田里面的情侣

目录 CONTENTS

导读　4 条线路玩转法国
26　巴黎及周边的时尚之旅
30　梦幻仙境一周游
34　葡萄酒庄园深度游
37　南法悠闲之旅

亮点　4 大特色抢鲜读
16　NO.1 微信互动
16　NO.2 过来人经验谈
16　NO.3 速查速知
16　NO.4 管家提示

游季　法国四季旅行月历
17　春季
18　夏季
19　秋季
21　冬季

体验　10 大玩法必体验
22　NO.1 最浪漫——游埃菲尔铁塔
22　NO.2 最神秘——赏《蒙娜丽莎》的微笑
23　NO.3 最博学——逛博物馆
23　NO.4 最奢华——游凡尔赛宫
23　NO.5 最文艺——逛尼斯小镇
24　NO.6 最大牌——看戛纳电影展
24　NO.7 最醇厚——品美味葡萄酒
24　NO.8 最旖旎——游卢瓦尔河谷
25　NO.9 最唯美——赏美丽薰衣草田
25　NO.10 最刺激——去阿尔卑斯山滑雪

Part 1
去法国要做的 9 件事

NO.1　搞定护照与签证
44　过来人经验谈
45　熟知护照办理流程
46　自己怎样办签证
47　自己办签证流程
49　找机构代办省时省心
49　轻松化解签证难题
50　**管家提示**

NO.2　去法国怎样订机票
51　**过来人经验谈**
52　常用的机票预订网
52　直飞法国的航空公司
53　购买廉价机票小策略
54　预订机票不可忽略的事
55　图解赴法国机票预订流程
58　**管家提示**

NO.3　怎样解决在法国的住宿
59　**过来人经验谈**
59　法国常见的住宿类型
61　驴友最常用的住宿预订网站
62　酒店预订不可忽略的事
62　图解法国酒店预订流程
65　**管家提示**

NO.4　如何在法国刷卡
- 66　**过来人经验谈**
- 66　哪些信用卡在法国能用
- 67　如何在法国使用银行卡
- 68　信用卡享受保险
- 68　**管家提示**

NO.5　兑换适量的欧元
- 69　**过来人经验谈**
- 69　支持欧元兑换的机构
- 70　坚决不要大额欧元
- 70　带多少欧元合适
- 71　**管家提示**

NO.6　携带行李有讲究
- 72　**过来人经验谈**
- 72　必备物品
- 73　备用物品
- 73　做个行李备忘录
- 74　行李打包窍门
- 74　**管家提示**

NO.7　随时随地能联系
- 75　**过来人经验谈**
- 75　方便快捷的国际漫游
- 78　省钱的电话卡
- 80　教亲人如何与你联系
- 80　**管家提示**

NO.8　买份旅行保险
- 81　**过来人经验谈**
- 81　哪些保险公司靠谱
- 82　花小钱换大保障
- 82　**管家提示**

NO.9　提前下载 APP
- 83　**过来人经验谈**
- 83　搞定语言用 Google 翻译
- 84　找路用 Google 地图
- 84　旅游用猫途鹰
- 84　订房靠 Booking
- 85　逛景点用法国旅游
- 85　**管家提示**

Part 2
4 大步骤详解出入境

NO.1　出境别大意
- 88　**过来人经验谈**
- 88　为何提早去机场
- 90　**管家提示**

NO.2　入境别慌张
- 91　**过来人经验谈**
- 91　边检过关不要紧张
- 92　领取行李不出错
- 92　海关检查不左顾右盼
- 92　怎样顺利出关
- 92　不可不知的转机常识
- 93　打电话与国内亲人联系
- 94　如何适应法国时差
- 94　**管家提示**

NO.3　从机场前往市区
- 95　**过来人经验谈**
- 96　乘车前往市区
- 99　租车自驾前往市区
- 99　**管家提示**

NO.4　安全离境那些事
- 100　**过来人经验谈**
- 100　办理离境手续
- 101　离境检查
- 101　**管家提示**

专题：在法国如何乘公共交通工具
102　在法国乘地铁
105　在法国乘公交车
106　在法国乘出租车

Part 3
国内预订，看这些就够

NO.1　门票预订
110　**过来人经验谈**
110　尽享优惠套票和优惠卡
111　图解门票预订流程
113　**管家提示**

NO.2　火车票预订
114　**过来人经验谈**
115　获取购票搭乘火车的技能
116　畅行法国的火车线路
117　图解法铁预订流程
119　**管家提示**

NO.3　机票预订
120　**过来人经验谈**
120　常用的热门机票预订网
121　图解法国境内机票预订流程
127　**管家提示**

NO.4　旅行团预订
128　**过来人经验谈**
128　在法国怎样报团
128　法国知名地接社
129　跟团游经典线路
129　**管家提示**

Part 4
吃货教你吃"法"餐

NO.1　法国有什么好吃的
132　**过来人经验谈**
133　平常都爱吃这些
134　地方特色美食
135　**管家提示**

NO.2　找餐馆有技巧
136　**过来人经验谈**
136　怎样找到华人餐馆
139　常见的法国餐馆类型
140　寻找餐馆集中区及本土餐馆
144　**管家提示**

NO.3　怎样看懂菜单
145　**过来人经验谈**
145　法国人一日三餐吃什么
146　像当地人一样去点餐
147　**管家提示**

NO.4　结账时如何付费
148　**过来人经验谈**
148　结账方式的选择
149　小费如何支付
149　**管家提示**

Part 5
法国扫货必备攻略

NO.1　买什么最地道
- 152　**过来人经验谈**
- 153　本土品牌
- 154　名品特产
- 155　服装
- 156　奢侈品
- 156　**管家提示**

NO.2　去哪买最合适
- 157　**过来人经验谈**
- 157　购物场所
- 159　法国热门城市主要购物中心资讯
- 162　免税店
- 162　**管家提示**

NO.4　说说退税那些事
- 163　**过来人经验谈**
- 163　旅行者如何退税
- 164　了解法国的消费税
- 164　**管家提示**

NO.5　东西买多了怎么办
- 165　**过来人经验谈**
- 165　物品可否过海关
- 166　行李邮寄
- 166　**管家提示**

Part 6
如何在法国自驾游

NO.1　准备
- 170　**过来人经验谈**
- 170　了解法国的公路状况
- 171　确定行程与路线
- 171　买一份中英文的地图
- 171　提前做好驾照公证
- 171　**管家提示**

NO.2　拼车
- 172　**过来人经验谈**
- 172　车友常用的拼车论坛
- 173　拼车自驾游不可忽略的事情
- 173　**管家提示**

NO.3　租车
- 174　**过来人经验谈**
- 174　租车自驾需符合资格
- 175　学会挑选租车公司与车型
- 176　一图学会网上租车
- 177　**管家提示**

NO.4　提车
- 178　**过来人经验谈**
- 178　如何前往租车公司网点
- 179　一图学会办理手续
- 180　提车注意事项
- 180　**管家提示**

NO.5 驾车
181 过来人经验谈
181 规划行程有张有弛
182 了解当地驾车习惯
182 熟悉当地交通规则
185 掌握停车技巧
186 关于加油的那些事儿
187 故障／违章／意外事故处理
189 随车设备有备无患
189 管家提示

NO.6 还车
190 过来人经验谈
191 机场还车轻车熟路
191 异地还车方便快捷
191 管家提示

NO.7 自驾游新方式
192 过来人经验谈
192 小房车大世界
192 拉风的摩托车
193 管家提示

Part 7
法国主题游精选

NO.1　美丽小镇之旅
196 过来人经验谈
196 吉维尼小镇
197 科尔马小镇
198 佩鲁日小镇
199 阿讷西小镇
199 管家提示

NO.2　文化艺术之旅
200 过来人经验谈
201 罗浮宫
202 罗丹博物馆
202 里昂歌剧院
203 马赛历史博物馆
203 波尔多大剧院
204 尼斯美术馆
204 管家提示

NO.3　宫殿城堡之旅
205 过来人经验谈
206 凡尔赛宫
207 枫丹白露宫
208 香波堡
208 雪侬索城堡
209 管家提示

NO.4　教堂之旅
210 过来人经验谈
210 巴黎圣母院
211 圣心教堂
212 圣赛芙韩教堂
212 圣厄斯塔什教堂
213 圣奥古斯丁教堂
213 管家提示

Part 8
突发情况从容应对

NO.1　物品丢失
216　**过来人经验谈**
216　护照丢失
218　信用卡丢失
218　行李丢失
219　机票丢失
219　遇到小偷
219　**管家提示**

NO.2　身体不适
220　**过来人经验谈**
220　说说法国医疗
222　买药方式
222　食物中毒
222　普通感冒
222　突发疾病
222　**管家提示**

NO.3　其他突发事件
223　**过来人经验谈**
223　公共厕所的那点事
224　迷路了怎么办
224　**管家提示**

专题：带小孩游法国
225　签证
225　机票
226　住宿
226　游玩

228　饮食

专题：陪老人游法国
229　签证
230　住宿
230　游玩
231　饮食

Part 9
附录

234　应急电话
234　中国驻法国使领馆
235　法国主要城市旅游局
235　法国的世界遗产
238　法国行政区划分
239　女性与儿童健康

亮点

HIGHLIGHT

4 大特色抢鲜读

NO.1 微信互动

关注我们的微信公共平台"境外旅行助手"（微信号：cjlvzs），动动手指就能获取境外旅行资讯、攻略、小技巧，让旅途更加轻松、多姿多彩。

NO.2 过来人经验谈

过来人告诉你如何玩转法国，让你消除对法国的陌生感。无论是办护照、签证，还是入境，甚至如何吃、住、行、游、购等，都能从过来人的讲述中汲取经验。

NO.3 速查速知

快速获取法国应急电话、中国驻法国使领馆、法国主要旅游网站、法国主要城市地铁交通图、法国世界遗产等信息。

NO.4 管家提示

管家提示无微不至，从计划出行到从法国回来面面俱到，让你用最简单、省心的方式畅游法国。

游季

法国四季旅行月历

春季 2~4月

👕 穿衣指数

白天： 平均气温15℃，可穿套装、夹衣、风衣、休闲装、夹克衫、西装、薄毛衣等衣服。

夜间： 平均气温7℃，可穿风衣、大衣、夹克衫、毛衣、毛套装、西装、防寒服等保暖衣服。

🌡 温度

法国春季气温			
月份	2月	3月	4月
日均最高气温	13℃	15℃	17℃
日均最低气温	5℃	7℃	9℃

🎈 节日及节庆

时间	节日及节庆
2月	尼斯狂欢节、芒通柠檬节、圣蜡节（2月2日）、情人节（2月14日）
3月	圣母领报节、葡萄酒销售节
4月	复活节、春季斗牛节、布鲁日之春、愚人节（4月1日）

适合游玩之地

春季适合游玩地资讯

名称	地址	交通	特色
尼斯	法国东南地中海沿岸	在巴黎戴高乐机场乘坐飞机，约1.5小时可到；也可以在巴黎搭乘火车，大约7个小时可到	身穿色彩斑斓服装的乐队、华丽的大型花车、滑稽的小丑，带给你一个难以忘怀的狂欢节
汝拉葡萄酒产区	法国中部最东边的弗朗什－孔泰大区的中下部，与瑞士接壤	从巴黎里昂（Lyon）火车站乘火车到汝拉的 Mouchard 火车站，大约2个小时	享誉全球的葡萄酒产地，品尝最独特的黄葡萄酒
芒通	地中海蓝色海岸，靠近意大利	在尼斯搭乘公共汽车可到	五彩缤纷的花坛、精心修饰的花园，以及美丽芬芳的鲜花，感受欧洲最美丽的小镇
葛萝塞	尼斯西北部	从尼斯乘坐火车可到	种满香花的山野幽谷，香闻十里，万紫千红，在勃勃生机的春日漫步在花之海洋

夏季 5~7月

穿衣指数

白天： 平均24℃，建议穿棉麻面料的衬衫、薄长裙、薄T恤等清凉透气的衣服。

夜间： 平均15℃，建议穿套装、夹衣、风衣、休闲装、夹克衫、西装、薄毛衣等衣服。

温度

法国夏季气温			
月份	5月	6月	7月
日均最高气温	21℃	24℃	26℃
日均最低气温	12℃	15℃	17℃

🎈 节日及节庆

时间	节日及节庆
5月	五一国际劳动节（5月1日）、铃兰花节（5月1日）、第二次世界大战胜利纪念日（5月8日）、戛纳国际电影节（5月中旬）、吉普赛人朝圣活动（5月24日~25日）、摩纳哥F1大奖赛（5月底）
6月	基督升天节（复活节后第40日）、圣灵降临节（复活节后第50日）、船夫节（圣灵降临节的周日和下个周一）、中世纪节（6月下旬）、音乐节（6月21日）、巴黎爵士音乐节
7月	阿维尼翁戏剧节（7月上旬至下旬）、法国国庆节（7月14日）、瓦朗索勒薰衣草节（7月的第三个周日）、奥朗日音乐节（7月上旬至8月上旬）、阿尔勒国际摄影节（7月上旬至中旬）、环法自行车大赛

📷 适合游玩之地

夏季适合游玩地资讯			
名称	地址	交通	特色
普罗万	法国中北部塞纳-马恩省	从巴黎搭乘公共汽车，大约1小时可到	看奇装异服的行人、中世纪风格建筑、歌唱、舞蹈，体会古色古香的"玫瑰之城"
Oingt	里昂西北29千米处	从里昂搭乘公共汽车，大约半小时可到	金黄色的古朴村落，绿色的葡萄田，随处盛开的鲜花，漫步法国最美丽的小镇
尼斯海滩	法国东南地中海沿岸尼斯市内	在巴黎戴高乐机场乘坐飞机，约1.5小时可到；也可以在巴黎搭乘火车，大约7个小时可到	小巧光滑的鹅卵石，舒适安逸的日光浴，醇厚香浓的葡萄酒，领略全球最具人气的海滩
波城古堡	法国普罗旺斯省的波城莱博镇	亚耳巴士总站乘前往马赛方向的大巴，每天有4班车	满目青绿的法国梧桐，神秘悠远的古堡，浪漫肆意的薰衣草，感受古堡曾经的辉煌
圣保罗·德旺斯	法国蔚蓝海岸附近	从尼斯乘坐400路公交车，大约1小时可到，公交车每半小时一班	参差散落的建筑，终年累月的日光，浓厚的艺术氛围，体验南法蔚蓝海岸最美最文艺的小城

秋季 8~10月

👕 穿衣指数

白天： 平均24℃，建议穿棉麻面料的衬衫、薄长裙、薄T恤等清凉透气的衣服。

夜间： 平均14℃，建议穿套装、夹衣、风衣、休闲装、夹克衫、西装、薄毛衣等衣服。

温度

法国秋季气温			
月份	8月	9月	10月
日均最高气温	27℃	24℃	20℃
日均最低气温	16℃	14℃	11℃

节日及节庆

时间	节日及节庆
8月	圣母升天节（8月15日）、洛里昂凯尔特音乐节（8月上旬）、巴约纳狂欢节（8月上旬）、阿纳西湖节（8月上旬）、导游节（8月中旬）
9月	笛子吹奏节（9月第一个周日）、美国电影节（9月上旬）、梅多克葡萄酒马拉松活动（9月上旬）、文化遗产节（9月第三个周六和周日）
10月	凯旋门大赛（10月第一个周日）、蒙马特尔的葡萄收获节（10月第二个周六和周日）

适合游玩之地

秋季适合游玩地资讯			
名称	地址	交通	特色
杜伊勒里宫	巴黎里沃利街113号	乘坐地铁1号线到杜伊勒站下车可到	整整齐齐的树木，片片飘落的枫叶，在细雨中，感受雍容华贵的皇家行宫
枫丹白露森林	法国枫丹白露皇家街4号	乘坐火车到枫丹白露-雅芳站下车可到，也可以搭乘园区公交	金黄或碎红的满地枫叶，清静自然的湖光山色，漫步在童话般美好的森林花园
希克维尔小镇	法国上莱茵省	从巴黎乘坐直达科尔马的火车（约2.5小时），然后从科尔马乘106路巴士半小时可到	望不到边际的葡萄庄园，小巧精致的小圆石路，秋风细雨中，闲逛在如诗如画的小镇中
卢森堡公园	巴黎第六区	乘坐地铁到雷恩站下车可到	幽深淡雅的树木、布满落花落叶的喷泉，一杯咖啡、一曲音乐，在这最美的公园中消磨时光

冬季
11月至次年1月

穿衣指数

白天：平均13℃，建议穿套装、夹衣、风衣、休闲装、夹克衫、西装、薄毛衣等保暖衣服。

夜间：平均6℃，建议穿风衣、大衣、夹大衣、外套、毛衣、毛套装、西装、防寒服等保暖衣服。

温度

法国冬季气温			
月份	11月	12月	1月
日均最高气温	15℃	13℃	12℃
日均最低气温	8℃	6℃	5℃

节日及节庆

时间	节日及节庆
11月	万圣节（11月1日）、诸圣节（11月1日）、第一次世界大战休战纪念日（11月11日）、解禁日（11月第三个周四）、圣喀德琳节（11月25日）
12月	里昂灯光节（12月上旬）、玩具人偶节（11月下旬至12月末）、圣诞节（12月25日）、圣诞节大市场（11月下旬至12月25日）
1月	元旦（1月1日）、圣文森特节（1月底）

适合游玩之地

冬季适合游玩地资讯			
地点	地址	交通	特色
格勒诺布尔	阿尔卑斯山区，罗讷河支流伊泽尔河畔	搭乘飞机到格勒诺布尔机场，换乘汽车可到	白雪皑皑的雪山，蔚蓝清澈的天空，在阿尔卑斯山体验惊险刺激的滑雪
里昂	法国罗纳－阿尔卑斯大区	从巴黎乘坐火车可到，大约2小时	光与影的完美结合，创意无限的电子人舞蹈，在里昂感受梦幻与诗意的完美结合
蔚蓝海岸	法国东南沿海普罗旺斯－阿尔卑斯－蓝色海岸大区	从巴黎乘坐火车可到	周年常青柑橘和棕榈，峰峦起伏的山冈，姿态奇特的枝权，在煦日阳光下体验这独特温暖的冬日
戛纳	滨海阿尔卑斯省的蔚蓝海岸地区	乘坐飞机到戛纳曼德机场可到	苍翠入云的棕树，和煦温暖的阳光，细白的沙滩，欣赏艳丽繁华的电影展

体验

10 大玩法必体验

NO.1 最浪漫——游埃菲尔铁塔

埃菲尔铁塔位于巴黎战神广场，是巴黎最高的建筑物，也是法国的一个地标性建筑物。埃菲尔铁塔高324米，从塔座到塔顶共有1711级阶梯，非常壮观。三层眺望台位于不同的高度，各自有不同的视野，能带给你不同的情趣。铁塔建成以后，每年有数不胜数的人登上塔顶俯瞰巴黎，都对巴黎美景赞叹不已。另外，如果选择在晚上来埃菲尔铁塔，那会是另一番浪漫多彩的景象，探照灯散发出金色的光芒，塔上的彩灯不停闪烁，变换颜色，非常美观。尤其是碰到节日和庆祝活动时，彩灯还会有特别的颜色。另外，每年跨年的时候，许多人会在这里数倒计时，非常热闹。

NO.2 最神秘——赏《蒙娜丽莎》的微笑

罗浮宫内的《蒙娜丽莎》是达·芬奇所作的一幅在全世界范围内享有盛誉的肖像画杰作，它代表着绘画艺术的最高水平，成功地塑造了一位资本主义时期城市妇女的形象。画中女性笑容微妙，姿态端庄，画中背景山路漫漫，给人一种隔着迷雾探路的感觉。达·芬奇运用高超的绘画技巧，把人物的内心感情表现得淋漓尽致，达到神韵之境，从而使蒙娜丽莎的微笑染上一抹神秘的韵味，那似梦似幻的微笑，被许多美术史家称为"神秘的微笑"。

NO.3 最博学——逛博物馆

法国影星苏菲·玛索曾说过："到一个国家、一个地方,首先要看当地的博物馆,以知其过去,上街看的才是它的现状,唯其如此,才能比较充分了解这个国家和地方的全貌。"显然,

这是一种极具文化素养的说法。来到法国,不逛一逛那些知名的博物馆,绝对会是你旅途中的一大憾事:世界闻名的罗浮宫博物馆、收藏印象派作品的奥塞美术博物馆、极具现代特色的蓬皮杜中心、颇具特色的大皇宫科学发明博物馆,以及从私人收藏发展起来的马莫唐博物馆等,都非常值得赏玩一番。

NO.4 最奢华——游凡尔赛宫

凡尔赛宫是路易十四时期建造的皇宫,其以奢华气派和极具想象力的建筑设计闻名全世界。整个宫殿由主宫殿城堡、园林、大特里亚侬宫、小特里亚侬宫及玛丽·安托瓦内特宫苑构成,宫殿内部装修得华

丽富贵,大理石的墙壁熠熠生辉,巨型的水晶灯悬挂在宫殿正中央,墙壁和宫殿顶部绘满了各色油画,非常美观。宫殿外部有大型的法式花园、喷泉、温室等。夏天的时候,宫殿内会有音乐喷泉,节假日的时候还会有大型的焰火晚会。另外,宫殿内的镜厅、

丰收厅、战神厅、剧院、和平厅、教堂等也都非常值得参观。

NO.5 最文艺——逛尼斯小镇

尼斯位于法国南部地中海沿岸,是仅次于巴黎的法国第二大旅游城市。尼斯是一座充满艺术气息的小城,城内有许多博物馆和艺术馆,浓郁的普

罗旺斯风格和深受世界各地名流欢迎的生活乐趣与这里的艺术气息相融合；富丽堂皇的圣母大教堂、古典的东正教大教堂等，向人们展示着珍贵的收藏品，构成了尼斯的艺术生活。走进尼斯，首先你会觉得自己穿越到了18世纪，整个城市内的建筑几乎都是那个时代的古建筑，如果不是流动的气息，就仿佛沉浸在一场美梦中难以醒来。

NO.6 最大牌——看戛纳电影展

戛纳位于滨海阿尔卑斯省的蔚蓝海岸地区，是欧洲著名的旅游胜地和名流社交集会场所，因每年举行的戛纳电影节而闻名。来到戛纳，不仅可以看到戛纳电影节展会，还可以看到许多和电影相关的建筑。这个
面积不大的法国小城经常众星云集，尤其是电影节期间，你可以在这里看到许多明星大腕。这里虽然因电影而知名，但其极富魅力的海滨景色也让人流连忘返，每到黄昏时分，太阳慢慢落下海平线，夕阳的余晖洒落在海面上，周围的景色都染上一抹红晕，天空也变得绚烂多彩。

NO.7 最醇厚——品美味葡萄酒

法国是全世界闻名的葡萄酒产地，生产葡萄酒的历史极其悠久。法国共有10大葡萄酒产区，每个产区的葡萄酒也各具特色。你可以去勃艮第品尝香味丰富的罗曼尼康帝红葡萄酒，也可以去阿尔卑斯品

尝比较辛辣而浓香的白葡萄酒，还可以去全世界最大的葡萄酒产区——波尔多感受浓烈的红葡萄酒和清爽清淡的白葡萄酒，当然，香槟区的香槟也让众人疯狂。虽然味道各异，但每一种都足以令人沉醉。

NO.8 最旖旎——游卢瓦尔河谷

卢瓦尔河长约1000千米，是法国第一大河，也是最美丽的一

条河。河谷的中部,有许多各具特色的古堡,风光旖旎,有"法国花园"之称。这些城堡中最值得前往的要数舍农索城堡和香波堡。如果是在雨后前往,微弱的阳光洒在城堡上,那一刻的美景是用尽人类所知的语言都无法形容的。

NO.9 最唯美——赏美丽薰衣草田

南法的普罗旺斯-阿尔卑斯-蔚南海岸大区,南邻地中海,北靠阿尔卑斯山,境内有马赛、阿维尼翁等城市,每到7、8月,普罗旺斯成片的薰衣草布满乡间,空气中弥漫着薰衣草的香气,这种独特的味道让人心旷神怡。因为阳光充足,普罗旺斯的薰衣草生长得格外茂盛,在许多地方都可以看到一片紫色的花海,给人一种简单无忧、轻松慵懒的感觉。

NO.10 最刺激——去阿尔卑斯山滑雪

法国阿尔卑斯山有许多著名的滑雪场,每年最佳的滑雪时间是2月,法国的滑雪场滑行距离较长,面积较大,地面落差也较大,滑行下来非常惊险刺激。阿尔卑斯最著名的滑雪场包括曾举办过第一届冬奥会的沙莫尼滑雪场、拥有世界上规模最大滑道的特罗瓦·瓦勒滑雪场、电影《迷中迷》中的穆杰夫滑雪场,以及举行过世界杯滑降大赛的瓦尔·第泽尔滑雪场等,每一个滑雪场都充满了法国风情。

导读 | 4条线路玩转法国

巴黎及周边的时尚之旅

线路1：巴黎→鲁昂→里尔

> **过来人经验谈**

我没钱可我想旅行·女·旅游撰稿人·想要走遍全世界的文艺女青年

作为一个文艺女青年，我对巴黎有一种深深的向往之情。这不仅仅只是因为其奢侈迷醉的表象诱惑，巴黎也有其令人心生向往的潜质，在街上随便走走，就可能会路过海明威曾经光顾过的书店。历史推动着这座城市前行，它养育了一个又一个作家、演员、艺术家，也正是这些人让巴黎的名字享誉全球。你或许想去看看见证了卡西莫多与爱斯美拉达爱情的巴黎圣母院；或许想参观折服了无数人的埃菲尔铁塔；抑或打算去香榭丽舍大道大肆地购物一番……这都不重要，人这一辈子，似乎都要去一次巴黎。

Gexi 有选择恐惧症·女·法国留学生·独自生活在法国的高中生

还记得当时一个人从北京机场出发，因为父母没有护照，没能把我送到机场里面，匆匆惜别，竟也没那么伤感。飞机起飞后，望着窗外，哦，我要

开始一个人的生活了。10个小时的飞行，到了戴高乐机场，取完行李，直接奔向火车站搭车前往鲁昂。上车之后，因为时差直接睡了过去，险些错过了下车时间。一个人拎着两个大箱子跌跌撞撞地下了火车，肚子饿得咕咕叫，想买东西吃又看不懂法语，自己坐在路边没骨气地哭起来。后来一个华人阿姨过来问了情况，帮我买了面包。赶到学校，老师也找同样来自中国的学生带我熟悉校园。这时候，突然感觉这个城市是那么美好，也许一个人的生活并没有那么可怕。

▲线路1（巴黎及周边的时尚之旅）示意图

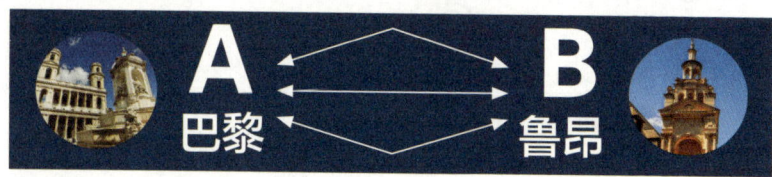

乘火车

鲁昂位于巴黎的西北方向不远处，前往鲁昂可以在巴黎市内搭乘区域快线 RER E 线到 Paris ST-Lazare 下车，从 Paris ST- Lazare 火车站坐火车大约 1.5 小时可以到达鲁昂，车票价大约为 10.8 欧元。要注意的是，巴黎开往鲁昂的列车并不是每天都有，你在乘车之前可以到欧洲铁路公司的官方网站上查询当日列车及票务信息。

自驾

如果自驾前往鲁昂，可沿高速公路 A13 号线，路程约 140 千米，大约 1.5 小时就可以抵达鲁昂。

游玩特色

巴黎是法国的首都，这里汇集了时尚、浪漫、文明、艺术、典雅等众多元素。走在巴黎的街道上，你会不经意地被这座城市所打动。巴黎值得游览的景点非常多，来到巴黎至少要预留出 3 天的时间。首先一定要去看一下法国最辉煌的建筑——巴黎圣母院，顺便还可以买一些纪念品；之后可以到举世闻名的艺术殿堂——罗浮宫欣赏谜一般的《蒙娜丽莎》的微笑；还可以到奢美华丽的巴黎歌剧院欣赏一出高雅的歌剧；之后可以到彪炳着拿破仑赫赫战功的凯旋门游览一番；然后到香榭丽舍大道大肆地抢购一番；最后还可以逛逛建筑华丽雄伟的凡尔赛宫和枫丹白露宫，看一看历代法国国王的居住地。

鲁昂是诺曼底的首都，有"百钟空中回响之城"的称号。来到这里，你可以尽情地和无数经典名作相拥。首先你可以游览庄严雄伟的鲁昂圣母大教堂，感受这座精美绝伦的 13 世纪建筑；然后到鲁昂美术博物馆，欣赏馆内的名家名画；还可以到圣马克卢教堂参观，感受那独特的建筑风格所折射出的独特美学效果；最后在夜间沿着塞纳河漫步，伴着温柔的晚风，看着静静流淌的河水，不胜惬意。

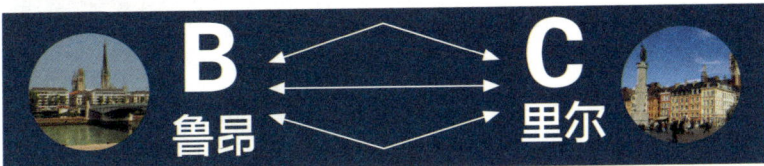

---- 乘火车 ----

从鲁昂到里尔,可以选择搭乘火车,你需要先从鲁昂转车去巴黎到 Paris ST- Lazare 车站,然后前往 Paris Nord 站,这两站距离很近,可以搭乘公交车或是地铁到达。之后再搭乘火车前往里尔,大约 1 小时可到。

游玩特色

里尔是一个多面的城市,它既有法国城市特有的知性优雅,也有着属于它自己的沧桑。来到里尔,可以去看看最能体现里尔厚重底蕴的工艺美术博物馆,一睹藏品的风采;从美术馆出来就可以看到里尔城中非常著名的里尔大广场,也就是戴高乐广场;之后可以到庄严肃穆的里尔圣母院里,看看法国的皇家墓地;之后可以到戴高乐将军故居缅怀戴高乐将军生前的风采;从故居中出来,就可以到达著名的"上海南京路"——菲德尔博大街,这条路再现了上海的风貌、独特的文化和高效的都市生活,让法国人从不同的角度体验、感受上海。

管家提示

巴黎作为一个世界著名的旅游胜地,在吸引了无数游客的同时,也使得成千上万的小偷聚集于此。当你乘坐地铁的时候,经常会听到广播提示乘客"注意小偷",许多景区内也都竖起了"当心扒手"的警示牌,但仍然有许多小偷有机可乘,疯狂扒窃。特别是一些来自罗马尼亚的少年扒手,因为他们是未成年人,当天抓起来又在当天放出来,让人无可奈何。所以,你在巴黎游玩的时候,一定要注意保管好自己的随身物品,以防不法分子有机可乘。

梦幻仙境一周游

线路2：巴黎→卢瓦尔河谷→里昂→斯特拉斯堡

过来人经验谈

August King · 男 · 电台主持人 · 放荡不羁爱旅游

第一次去法国旅行的时候，搭乘TGV火车从第戎到里昂，整整2个小时。出发之前我把我的行程告诉了一个法国通，他只是淡淡地说了一句：里昂是个亮点。于是，我带着满心的期待来到了这里。果不其然，里昂就是有这样的魔力，让我一个初来乍到的人很快就爱上了这座城市。到底爱它什么呢？我也说不清楚，也许就是那独特的生活氛围吧。

里昂是法国仅次于巴黎的第二大都市区和经济文化中心，而里昂古城却不是很大，狭窄的小巷、明丽的色彩，一眼望去全是红砖碧瓦，让人印象深刻。有人说，里昂的街道错综复杂，墙壁五颜六色，非常容易迷路，而我想说，如果真的不小心迷路了，那就痛痛快快地迷失在里昂古城吧，好好地感受下古城人的生活。

想去找月亮船的兔子小姐 · 女 · 幼教老师 · 雷厉风行的狮子女

有人说，要领略法国风情，只需去两个地方，一是巴黎，一是卢瓦尔河谷。这么说未免有些夸张，但也恰恰体现了卢瓦尔河谷的不同寻常之处。卢瓦尔河谷被称为"法国的后花园"，这里孕育着许多古老的城堡，不少古堡内都留有皇室的奇闻逸事，这些城堡中最值得前往的要数雪侬索城堡和香波堡。这次行程的最初，我并没有对这两座城堡有太多的期待，因为途中也看

到了好几座城堡，有些审美疲劳了，再加上一路下雨，心情难免受些影响。当我们到达城堡的时候，本来渐渐沥沥的雨停了，乌云散去，一道彩虹横跨在城堡上方，雨后微弱的阳光洒在城堡上，那一刻的美景是用尽我所知的语言都无法形容的。

▲线路 2（梦幻仙境一周游）示意图

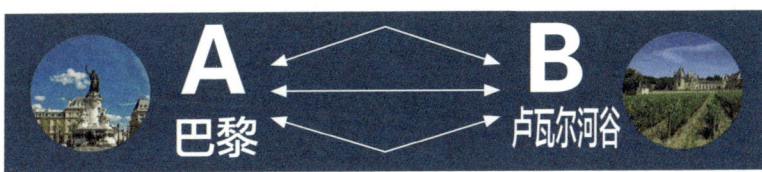

——乘火车——

从巴黎蒙帕纳斯火车站乘坐开往图尔的 TGV 列车，约 1 小时可到图尔火车站（St-Pierre-de-Corps），出来就是游客中心，那里可以参加卢瓦尔河谷旅游团。

——自驾——

从巴黎出发，沿着 E5 号高速公路行驶就可到卢瓦尔河谷，卢瓦尔河谷就在图尔、里昂这两座城市之间及附近区域。

 游玩特色

卢瓦尔河谷最著名的要数那些或庄严、或含蓄、或含情脉脉、或古韵犹存的城堡。最著名的要数香波城堡,它是卢瓦尔河谷中最大、最雄伟的城堡,城堡周围同时也是欧洲最大的森林公园之一,在这里你可以邂逅各种可爱的野生动物;之后去雪瓦尼城堡转转,这里是卢瓦尔河谷城堡中装修最精致、家具最豪华的一座城堡,同时这里还定期举办《丁丁历险记》的展览活动,喜欢这部漫画的游客一定不要错过;还可以去法国国王弗朗索瓦一世曾经居住的寝宫昂布瓦斯城堡游玩一圈,参观一下国王的住宅,另外,登上城堡的顶端,可将整个卢瓦尔河岸的美景尽收眼底;逛完以后,到艺术大师达·芬奇最后的居住地——克洛吕斯城堡游览一番,在这里你可以观赏到大师的40多件发明,城堡外就是达·芬奇主题公园,园内摆放的模型是亮点;逛完这里之后,去参观一下被称为"女人堡"的雪侬索城堡,这里曾住过许多知名的女性,包括狄安娜·德·普瓦捷夫人、王后凯瑟琳·德·美第奇夫人、法国大革命期间的沙龙女主人杜邦夫人等;晚上可以到卢瓦尔河沿岸散散步,欣赏一下迷人的河岸夜景。

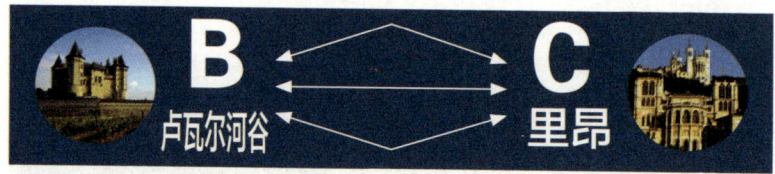

乘火车

从图尔市中心的 Tours Centre 火车站乘坐 TER、Intercites 列车到里昂的 Part-Dieu 火车站,大约需要 6 小时,班次较少。或者返回巴黎乘坐 TGV 去里昂,大约 4 小时可到,班次很多。

自驾

图尔到里昂大约 460 千米,沿着 A85、E11、E70、A89 号高速公路一路开过去即可到达,大约需要 4.5 小时。

游玩特色

和法国的其他城市相比，里昂最引人注目的要数其炫目的色彩，湛蓝的天空、红砖碧瓦、多彩的墙壁，以及大街小巷之中各色的花朵，整个城市仿佛是上帝做的一幅美丽画卷。来到里昂，首先可以参观一下融合了中古世纪和拜占庭建筑风格的富尔维耶尔圣母教堂，看看其玻璃花纹上所雕刻的《圣经》内容；之后去看看依山势而建的高卢－罗马博物馆，欣赏一下馆内极富想象力的考古珍品；然后去露天的古罗马大剧场参观出土文物，有时候还能看到大型音乐会、歌剧；下午的时候，建议去白菜果广场，沐浴着阳光、喝一杯咖啡，看看周围美丽而特别的建筑；还可以去题德多公园，这里是里昂最大的绿地公园，在这里你能看到各式新奇的植物、美丽的花朵。

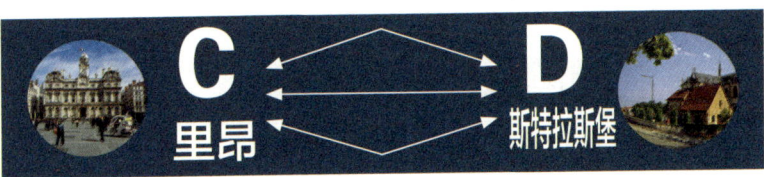

―― 乘飞机 ――

从里昂圣埃克絮佩里机场飞往斯特拉斯堡的恩茨海姆机场只需约1小时。

―― 自驾 ――

从里昂沿着E15、E60、A35号高速公路向北行驶即可到达斯特拉斯堡，全程约500千米，大约需要4.5小时。

 游玩特色

斯特拉斯堡的生活气息非常浓厚，在街上闲逛的时候可以看到数不清的博物馆、宫殿、教堂等。路上遇到的斯特拉斯堡人目光深邃，让人印象深刻。你可以选择搭船沿着伊尔河绕城而行，经过斯特拉斯堡的各个著名景点和历史遗迹，欣赏两岸的自然风光，非常惬意。

 管家提示

从图尔到里昂时，建议选择自驾游方式前往，沿途能欣赏到美丽的卢瓦尔河谷景色。如果时间较为宽裕，可在沿途的小镇住宿一晚，不少小镇上都有对游客开放的家庭住宿。在当地居民家住宿还能更加深入地了解到属于法国小镇独有的浪漫。

葡萄酒庄园深度游

线路3：波尔多→图卢兹

过来人经验谈

August King · 男 · 电台主持人 · 放荡不羁爱旅游

去过法国游玩的人都应该知道，在法国旅行既是一件非常享受的事，也是一件极具挑战性的事，因为这里的美景实在是太多，多到让人很难一一探索完毕。如果你的预算时间很短，那也一定要去波尔多游玩一圈，因为这里实在太让人沉醉。如果对葡萄酒有所了解，一定会知道世界上最棒的葡萄酒产区就是波尔多，它堪称葡萄酒界的一颗明珠。波尔多的葡萄酒酿造业有2000多年的历史，在这里你可以品尝到价格不菲却又让人恋恋不舍的拉菲、恪守原始制作工艺的玛高、细腻悠长的白马，以及英国国宴上经常用到的帕图斯等。作为一名葡萄酒的"死忠"，真的有一种想要"醉生梦死"在这里的感觉。

夏天没有西瓜怎么办 · 女 · 摄影师 · 想要带着妹妹玩遍全世界

多次来到图卢兹，每次对这里都会有一点新的认识。而相同的是，每次来到这里都能碰到摇滚之夜，来到汐酒吧，可以说是机缘巧合，第一次路过这里的时候，想进去尝尝鸡尾酒，碰巧酒吧内的乐队在门口表演 See you again，不知道是不是主唱的身体不舒服，有点破音，我也就没有进去。

后来，是朋友告诉我，这家酒吧的玻璃上贴着哥哥张国荣的照片，作为哥哥的"死忠粉"，我觉得店家肯定也是个性情中人，又奔向了这间酒吧。酒吧里面灯光昏暗且神秘，很有感觉，装修很是简单，有种大理民族风的感觉。店主是个热情的文艺女青年，聊天时知道她也很喜欢哥哥，对于这家店的喜爱又多了几分。酒吧内的美食虽然不多，却让人莫名地喜欢。对摇滚乐只是略知一二的我，却非常喜欢酒吧里摇滚乐带来的感官刺激，不管离开那里多久，都暗暗地想着，有时间一定要再去一次。

▲线路3（葡萄酒庄园深度游）示意图

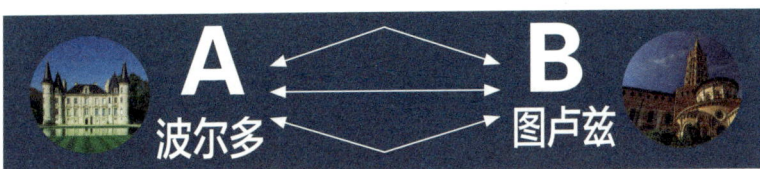

乘火车

从波尔多到图卢兹可以搭乘火车，从波尔多的Bordeaux-Saint-Jean上车，到图卢兹的Toulouse Matabiau站下车，大约2小时可到，车票78.4欧元。

自驾

从波尔多到图卢兹可以选择自行驾车前往，从Boulevard de l'Embouchure驶入A620号高速公路，然后上D88号高速公路并驶入Saint-Loup的A62号高速公路，再沿A62号高速公路开往Aquitaine。

游玩特色

波尔多是世界知名的散发着浓郁葡萄酒香的地方,在这里你可以看到庄严肃穆的教堂、藏品众多的博物馆,还有大型的广场和纪念碑等。来到波尔多首先一定要到著名的胜利广场转转,这里经常会举行各种音乐会,每当夜幕降临,许多人会来这里休憩小聚,消除一整天的疲劳;接下来可以到宁静、浑厚的圣米歇尔教堂游览一番,这间教堂虽然不是很有名,但其独特的宁静气息,让人不禁心生向往;接下来去展示葡萄酒的制作过程,讲述古老葡萄酒制作方法的阿基坦地方博物馆玩玩,观赏博物馆内关于波尔多历史、石器、陶瓷、壁画的介绍;之后去经常举办国际性展览的波尔多美术馆看看罗丹、雷诺阿、马蒂斯、贝克林葛鲁、阿尔伯特·贾科梅蒂等著名大师的作品;然后可以到被看作是波尔多艺术和光的圣殿的大剧院看一场表演,相信会是不错的体验。

"黎明时它是玫瑰色的,正午时它是淡紫色的,黄昏时它是红色的。"这句话用来描述如画般美丽的图卢兹是再合适不过的了,来过这里的人,都对它的美惊叹不已。来到图卢兹,首先去绘制了图卢兹这座小城"前世今生"的壁画和天井画的图卢兹市政厅转转,市政厅建筑属于新古典主义风格,每一件艺术品都像一件闪闪发光的珍宝一般;之后到法国南部钟楼建筑的样板的雅各宾修道院去看看那杰出的哥特式建筑;然后到世界上学科最全的图卢兹大学游览一番,看看世界上最早的大学的风采,在校园内的草坪上休憩;接下来到被列为世界文化遗产的圣塞尔南大教堂观摩一下,看看那耸入云霄的钟楼;黄昏将至的时候,在灯光的辉映下,你可以乘船沿着加龙河游览图卢兹城。如果恰好在夏天来图卢兹,伴着潺潺的河水、习习的晚风,泛舟河上,一切都是那么充满了诗意,那么美妙与安宁。

管家提示

法国波尔多靠近大西洋,受暖流的影响,夏天光照充足、炎热干燥;春季雨水较多;秋冬两季比较温和,哪怕是下雪,天气也不会很冷,所以来波尔多旅行最合适的季节是秋冬季,可以在10月至次年的3月来波尔多游玩。如果在这段时间来波尔多旅行,建议带好毛衣、毛衫、长裤、外套等较厚的衣物,防寒保暖的衣物也可以带上。冬天可能会遇到霜雪天气,最好带上防滑的鞋子,尤其是老人、小孩外出,这些更是必不可少。

南法悠闲之旅

线路4：里昂→阿维尼翁→马赛→戛纳→尼斯

 过来人经验谈

叶刀和阳光·女·某公司职员·注重旅行质量

我们去里昂是提前购买的里昂城市卡，用这张卡可以参观里昂所有的博物馆和其他的一些景点，最重要的是，可以无限制地乘坐公共汽车、电车和地铁等交通工具，并且能够享受一次旅游局提供的由导游带领的市内游。城市卡1日卡的价格为18欧元，2日卡为28欧元，3日卡为38欧元。

Gexi 有选择恐惧症·女·法国留学生·独自生活在法国的高中生

阿维尼翁被称为"教皇之城"，据说在14世纪的时候，罗马教皇曾在这里居住，阿维尼翁也曾是基督教世界的中心，来到这里一定要到教皇宫转转，这里无疑是整个阿维尼翁最有气势的建筑了。

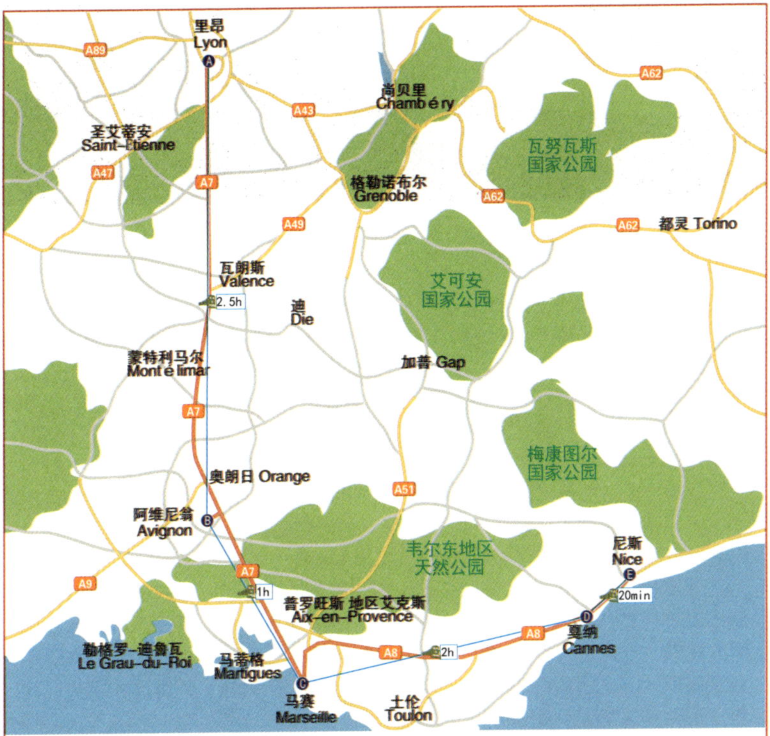

▲线路4（南法悠闲之旅）示意图

导读

4条线路玩转法国

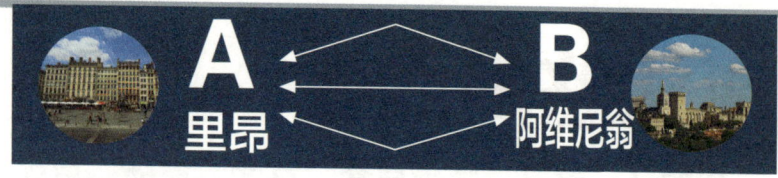

乘火车

从里昂到阿维尼翁，可以选择乘坐火车，你可以前往 Lyon Part Dieu 火车站搭乘法国 TER 区域列车，大约 2.5 小时可以到达阿维尼翁中心车站；也可以在火车站搭乘法国 TGV 高速列车，大约 1.5 小时就可以到达阿维尼翁中心车站，票价在 45 欧元左右，不过乘车中途需要进行一次换乘。

自驾

如果从里昂自驾前往阿维尼翁，可沿 A7 号高速公路，全程 228 千米，驾车大约 2.5 小时可到。

游玩特色

来到里昂，你可以搭乘缆车前往里昂的标志性建筑物——富尔维耶尔圣母院，欣赏中世纪拜占庭风格的精美建筑，圣母院可以说是里昂的最高点，在这里能俯瞰整个城市的美景；之后可以到附近的高卢－罗马博物馆，欣赏罗马时期的里昂景象；富尔维耶尔圣母院后方就是古罗马大剧场，这个剧院已经存在了 2000 年之久，现在里昂的音乐会、演奏会、歌剧等仍在这里表演；然后去圣让首席大教堂，教堂钟楼每小时都会表演一次圣灵降落人间的故事；最后去白菜果广场，广场附近有《小王子》的作者圣埃克苏佩里的雕像，他被称为"世界闻名的里昂人"，广场附近就是丝织博物馆，在这里你可以看到 17 世纪的丝织品、14～18 世纪欧洲各国的纺织品等，一定不要错过。

来到阿维尼翁，最先要拜访的一定是著名的教皇宫，在这里你可以了解到教皇的历史；之后到著名的断桥——圣内贝泽桥玩耍一番，在桥上看看周围的风景，非常有感觉；卡尔韦美术馆内珍藏着 15～20 世纪的艺术作品和雕塑收藏，对艺术感兴趣的话一定不要错过这里；另外，阿维尼翁周边还有很多值得前去游览一番的小城，如石头城、泉水城、红土城，在这些地方你可以观赏到梦幻般的薰衣草、向日葵田野，非常美丽。

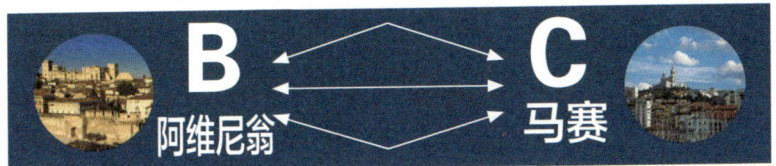

B 阿维尼翁 ⇄ C 马赛

——乘火车——

从阿维尼翁到马赛，可以选择搭乘火车，你需要前往阿维尼翁中心车站，搭乘法国 TGV 高速列车，大约 1 小时就可以到达 Marseille St Char 车站，票价在 15 欧元左右，要注意的是，乘车途中需要换乘一次。

——自驾游——

从阿维尼翁前往马赛，可以选择自己驾车前往，沿着 A7 号高速公路，大约 1 小时到达马赛。

游玩特色

来到马赛，一定要去看看大仲马小说中那个知名的伊夫岛，在岛上寻找与《基督山伯爵》有关的东西，领略美丽的地中海风光；之后去加尔德圣母院逛一逛，那气势恢宏的外观，华丽的内部装饰绝对令人震惊；然后去曾是拿破仑三世的行宫——隆夏宫，在那里体验一下马赛曾经的繁华，宫殿两旁的马赛美术馆和自然史博物馆也不容错过；不可错过的还有法国的第一个城市历史博物馆——马赛历史博物馆，在这里了解到全面的马赛；最后可以到卡斯德兰喷泉圆环广场逛逛，看看那独特的喷泉，欣赏马赛的美景，顺便买些纪念品。

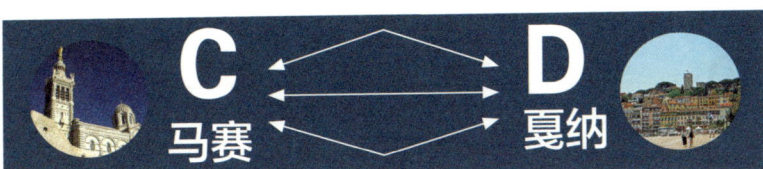

C 马赛 ⇄ D 戛纳

——乘火车——

从马赛到戛纳，可以选择搭乘火车，在 Marseille St Char 车站，搭乘法国 TGV 高速列车，大约 2 小时就可以到达戛纳，票价在 20 欧元左右。

——自驾——

从马赛到戛纳，可以自己驾车前往，沿着 A7 号高速公路，大约 2 小时可以到达戛纳。

游玩特色

　　来到戛纳，首先逛逛美丽的戛纳老城区，在山顶的城堡内，俯瞰整个戛纳；之后到城堡美术馆，在这里你可以看到来自世界各地的乐器，以及19世纪的法国画作；戛纳影展的主会场影节宫是戛纳最不容错过的景点之一，这里有音乐厅、夜总会等符合现代人的需要；然后可以到展示当代绘画艺术的马尔迈松展览馆，欣赏艺术家们的绝妙画作；晚上来戛纳的话，不妨到克鲁瓦塞特大道逛逛，整条大街非常宽阔整洁，一边是海滩，一边是优雅的建筑，美轮美奂。

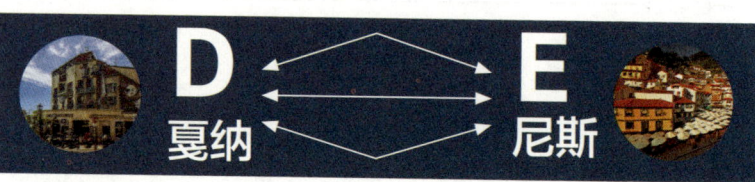

D 戛纳 ⇄ E 尼斯

乘火车

　　从戛纳到尼斯，可以选择搭乘火车，从戛纳火车站搭乘法国TGV高速列车，大约20分钟就可以到达尼斯。

乘公交

　　从戛纳到尼斯，可以搭乘200路公交车，大约1小时可以到达尼斯，票价为1.5欧元。

自驾

　　从戛纳到尼斯，自己驾车前往，沿着A8号高速公路，大约1小时可以到达尼斯。

 游玩特色

　　到了尼斯，首先去尼斯著名的散步大道——盎格鲁大道，在这里欣赏美丽的沙滩海景；之后乘坐缆车去城堡山，途中可以领略整个尼斯城的美景；尼斯当代美术馆内有许多知名的画作，在这里可以参观尼斯当代美术馆，附近的马塞纳美术馆及夏加尔美术馆也不可错过；然后参观尼斯最有名的圣尼古拉东正教大教堂，感受这座美丽的俄罗斯风格教堂；最后到尼斯老城转转，看看老城内古老的建筑，买一些纪念品。

 管家提示

　　马赛虽然是法国的第二大城市，但治安还是不太好。到这里旅行，一定要提高警惕，出去玩的时候不要带太多的现金和贵重物品，尽量不要去偏远的地方。乘坐交通工具时，一定要防范小偷，在人群拥挤的地方注意自己的随身物品。游玩的时候，尽量不要理会陌生人的搭讪。如果是报团的话，一定要选择信誉好的旅行社，并提前购买保险。如碰到紧急情况，可拨打中国驻马赛总领事馆的领事保护电话：04-91320267。

尼斯盎格鲁大道

Part 1
去法国要做的 9 件事

NO.1 搞定护照与签证

> **过来人经验谈**

我没钱可我想旅行·女·旅游撰稿人·想要走遍全世界的文艺女青年

办理签证之前就听说超过25岁的单身女性办理法国签证时拒签率高达90%，因为容易被人怀疑有在法国滞留的嫌疑，所以我在办理签证的时候一点也没敢马虎，最终也成功出签了。其实只要你所提供的材料全部真实有效，并保证你的银行卡里余额足够支付在法国每天120欧元的花销，就没有什么问题了。

叶刀和阳光·女·某公司职员·注重旅行质量

我们的签证是委托一家旅行社办理的，签了合同之后，我们提供了白底照片两张、护照原件、机票打印单、签证申请表、行程安排、酒店预订单和资产证明等资料。之后，旅行社帮我们制作出面签时的资料，并进行了培训。面签之后，大概3个工作日出签，出签后，旅行社给我们发了信息，并把签证邮寄给我们。

行走山水间·男·某公司职员·极其热爱旅行

办理签证之前当然要先办理护照，像春节这样的旅游旺季，办理护照的人会非常多，建议选择在淡季的时候去办理，人会相对少一点。另外，护照申请表要贴两张照片，不管是自己携带已照好的照片还是现场拍摄的照片，都不要戴眼镜，否则会有反光效果，让你的脸色看起来非常不自然。因为我之前办理过一次护照，后来被告知要先注销原来的护照，并复印两份才可以重新办理。

★ 熟知护照办理流程

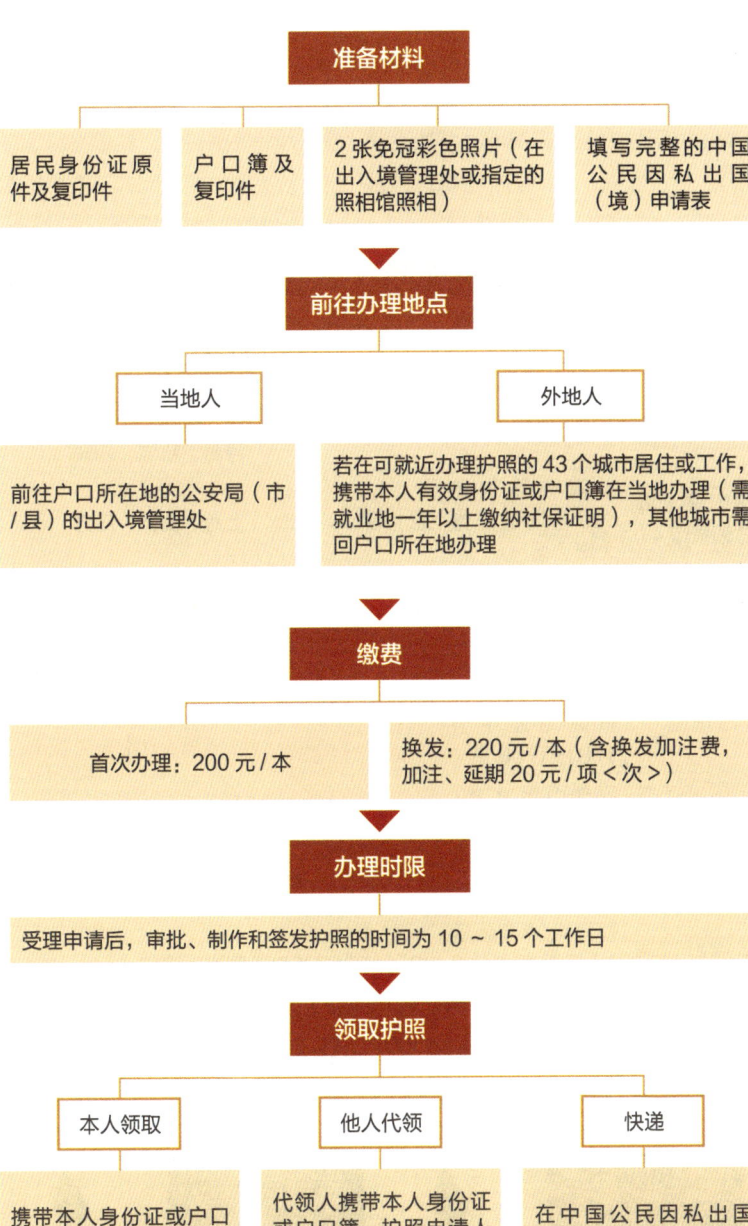

★ 自己怎样办签证

法国签证主要分为短期申根签证（停留期不超过3个月）和长期申根签证（停留期超过3个月）两类。短期签证又包括过境签证和短期入境签证（访问、旅游、探亲等）；长期申根签证包括长期居住、工作访问、学习等。签证均由法国驻中国使领馆或办事处签发。自己办理法国签证，只要材料准备充分、信息准确，并让签证官相信"你一定会从法国如期返回，不会滞留在当地"，办理签证就比较容易了。

法国驻中国使领馆			
名称	地址	电话	领区
法国驻华大使馆	北京市朝阳区天泽路60号	010-85328080	北京、天津、河北、河南、内蒙古、山东、山西、陕西、宁夏、甘肃、青海、新疆、西藏
法国驻上海总领事馆	上海市广东路689号海通证券大厦2层	021-61032200	上海、安徽、江苏、浙江
法国驻广州总领事馆	广州市环市东路339号	020-28292000	广东、广西、福建、海南
法国驻武汉总领事馆	武汉市建设大道568号 武汉国际贸易商业中心1701-1708室	027-85778403	湖北、湖南、江西
法国驻成都总领事馆	成都市总府路2号时代广场30楼	028-66666060	四川、重庆、云南、贵州
法国驻沈阳总领事馆	沈阳市和平区南十三纬路34号	024-23190000	辽宁、吉林、黑龙江
法国驻香港总领馆	香港金钟夏悫道18号海富中心2座25-26楼	0852-37529900	香港、澳门

★ 自己办签证流程

第一步：填写信息并下载相应的签证申请表格
→ 登录法国签证受理中心（cn.tlscontact.com）→在地图上点你所要办理签证的城市→用你常用邮箱注册并登录→根据提示填写旅行目的、个人信息、行程信息、是否曾获申根签证记录等→确认全部填写信息→查看材料清单→下载已填写成功的申根申请表→预约递交签证材料时间

第二步：准备申请签证所需材料
→ 1. 个人材料
2. 资金材料
3. 工作证明和在读证明
4. 其他材料

第三步：递交签证申请
→ 亲自递交：携带好你的预约通知单、签证申请所需材料及护照准时到中智签证法国受理中心

代理人递交：代理人必须提供由申请人亲笔签字的信息完整且无误的委托书、代理人身份证原件和复印件

tips
申请者应按预约时间准时到达递交材料，不按时到达的申请者将不能递交并需要重新预约。

第四步：交纳签证费及签证服务费
→ 费用 → 签证费：410元
签证服务费：230元

递交方式 → 现金支付或者刷卡（只限中国银联卡）

第五步：领取护照及相关原件
→ 护照返回到中智签证法国受理中心后，机构会以短信形式通知你前来领取，领取护照时请携带身份证原件、复印件及申请表校对单
如由他人代领，需要提供申请者的身份证复印件、申请表校对单和委托书，以及代领人的身份证原件和复印件

PART 1 去法国要做的9件事

tips

申请签证所需准备的材料	
个人材料	1. 两张相同的白底彩色近照（近6个月内拍摄） 2. 短期申根签证申请表原件（①申请表需用英文或法文填写；②申请表需申请者本人签名；③未满18岁的未成年申请者必须由父、母或法定监护人签名） 3. 从中国出发和返回的飞机票订单复印件 4. 本人所在户口本上全体成员户口页的复印件 5. 行程单（明确标注停留的日期、国家、城市等具体内容） 6. 酒店订单复印件 7. 护照原件、复印件（如果有旧护照，也需提交旧护照原件、复印件） 8. 签证申请/护照领取委托书
资金材料	银行活期存折或活期银行卡最近3个月的进出账单原件，或其他固定收入证明复印件
工作证明和在读证明	**工作证明**：由工作单位出具的证明信（英文，或者中文附上英文翻译），使用公司正式的信头纸加盖公章、签字，并明确日期及如下信息：工作单位的地址、电话；单位负责人签字；申请人姓名、收入等具体信息；公司为申请人保留职位证明及准假证明等 **在读证明**：需要由所在学校开具在读证明
其他材料	如申请人未满18周岁，或申请人赴法探亲访友，还需补充其他材料

签证申请表照片要求	
序号	说明
1	照片为申请人近6个月内所拍，能如实地反映申请人的近期相貌
2	照片规格为35～45毫米，清晰，无折痕或污渍
3	照片中的人应直视前方，照片应显示为自然肤色
4	照片应在适宜光线及对比度下拍摄
5	照片色彩自然，人物双眼睁开并清晰可见
6	照片背景色应为单一浅色背景，照片背景及人物没有阴影
7	人像应为单一主题，表情自然，嘴巴合拢
8	照片中的人物应该能清晰地看到眼部，不能佩戴深色眼镜，镜片不能反光，同时镜框不宜过粗
9	除宗教原因外，证件照通常不允许佩戴过多头饰，例如帽子、面纱等

★ 找机构代办省时省心

办理法国签证，可以找法国签证中介机构、旅行社等合法机构，登录他们的官网上搜索，就可以找到相关信息。找机构代办签证，不仅能提供有针对性的材料清单，还能进行面签辅导和签证技巧培训，大大提高通过率。需

代办机构推荐	
名称	网址
中国国旅	www.bjcts.cn
携程网	www.ctrip.com
神舟国旅网	visa.cct010.com
中青旅遨游网	www.aoyou.com
凯撒旅游网	bj.caissa.com.cn
领世网	www.aoyou.com
北京青年旅行社	www.hqly8.com

要注意的是，找机构代办并不能免去面签的步骤，面签时，当事人都要到场。

★ 轻松化解签证难题

办理法国签证的过程中，总会遇到一些细小的问题，这些问题可能会给你的行程带来一些不必要的麻烦，接下来就详细介绍一下在办理签证的过程中会遇到的麻烦及问题。

01 单身女性一定会被拒签么

单身女性虽然被拒签的概率大一些，但是并不意味着一定会被拒签，只要把材料准备充分、翔实一些，让签证官相信你一定不会怀着某种目的非滞留在法国，那么就不会被拒签。

02 申请签证一定要提前订好机票和酒店吗？如果被拒签了，那机票、酒店损失怎么办

办理签证时需要出具一张购买机票的订单，很多机票代理和航空公司都可以出免费机票订单，你可以多咨询几家，等到真正拿到签证再重新订购机票。酒店可以选择那些预订和取消都不收费的网站或酒店，有些网站的酒店预订页面中包含各种类型的酒店，你可以在里面选择免费预订和取消的酒店，酒店会把你的订单发送到你的邮箱中，你只需要打印下来就可以了。

03 申请签证需要提交在欧洲的交通预订资料吗

申请签证时可以不提供你在欧洲内部的交通预订资料（比如欧铁、廉航），等拿到签证以后再预订也可以。

Q4 申请签证提交的资料都要翻译的吗

凡是使领馆要求提供翻译的资料,都需要外文翻译(英语或者申请签证国的语言),你可以自己翻译,也可以找翻译公司。如果是报的旅行社,他们会提供翻译服务,翻译好后,把这些资料打印出来即可。

Q5 文件的原件暂时不能提交,是否可以使用复印件

提交材料的时候,能使用原件最好使用原件,预约面签和面签的时候都一样。很多材料必须提供原件,但如果没有要求必须使用原件的材料也可以提供复印件,如房产证抵押给银行贷款,你就可以拿着复印件和与银行签订的按揭合同复印件即可。

Q6 自由职业者怎么开工作证明

自由职业者只需如实提供你所从事职业的具体信息即可,如你是淘宝店主,只需提供所在网站信息及网点信息等即可;如果你是自由撰稿人,可以让你所服务的杂志社、报社、出版社等给你开一个证明。总之,凡是能够证明你在从事某项工作的证明资料都应尽可能地提供出来。

Q7 单位证明都包括哪些选项

你所开的单位证明需要由单位负责人证明你的职位、月收入、准假日期(应大于申请签证的日期)、单位联系人、联系电话、地址等,并且这个证明需要使用单位抬头纸打印、盖章。如果工作单位证明是中文,那就需要翻译成英文,用A4纸打印出来就可以了。

Q8 面签的时候是否需要说英文

签证官会询问你是否会英文或者法语,你可以根据自己的语言水平选择语言。如果英语或者法语一般,就直接说一般;如果对自己的英语信心不足,和他最好用中文交谈。

管家提示

申请法国签证的时候,一定要认真仔细准备材料,用尽可能多的材料证明你的经济水平,保证有稳定的工作,最好能证明你在国内已经成家立业,不会非法移民。同时,要保证你所预订的酒店、机票等信息和你的行程要对上,并且对自己的行程安排要很熟悉,这样的话一般就不会被拒签。如果申请的过程中被拒签了,你还可以选择再次申请,但最好先找出被拒签的原因,同时修改需要提交的资料,如果资料和上次完全相同,那失败的概率就会很大。

NO.2 去法国怎样订机票

 过来人经验谈

 行走山水间·男·某公司职员·极其热爱旅行

因为我们是准备两个人一起去法国,同伴的签证出来得比较早,提前将近一个月买好了从首都机场到戴高乐机场的机票,只花了3515元。我办理签证的时候出了一些问题,所以离出发前一个星期的时候才预订机票,这时候便宜的机票已经很少了,最后花了4385元买到一张机票。

 叶刀和阳光·女·某公司职员·注重旅行质量

当时去法国是毕业旅行,两个人都没有收入,于是决定买最便宜的机票,提前一个月选好了波兰航空的航班,只花了3159元,当时两个人觉得赚大了。飞机飞到华沙的时候需要转机,12月的晚上,两个人在机场里等了将近20个小时,才得以再次搭乘飞机,整个行程耗费了将近32个小时。到了巴黎直接在宾馆睡了一整天,也浪费了一天游玩的时间。

 Charles·女·某公司职员·多亲子游经验

带小孩子搭乘飞机是非常让妈妈们头疼的事,孩子们哭闹影响到其他乘客也是非常不礼貌的事。其实在坐飞机的时候,给孩子买一些玩具和小零食等,可以转移他们的注意力。或者可以选择转机航班,给孩子一点新鲜感,不至于哭闹,但一定要选择中转站停留时间较短的航班,不然对孩子身体不好。另外,在飞机起飞之前也可以和周围的乘客提前说明一下,如果孩子影响到他们,请他们谅解。

PART 1 去法国要做的9件事

★ 常用的机票预订网

国内常用的可以预订国际航班的机票网站一般为去哪儿网、携程网、天巡网等,出行前善于利用这些资源,可以预订到比较满意的机票。同时也可以在各大航空公司的官方网站上查询特价信息。

常用的机票预订网推荐

名称	网址	特色
去哪儿网	www.qunar.com	信息比较全面,经常有特价机票
携程网	flights.ctrip.com	有各类国内外低价机票,性价比较高
一起飞网	jps.yiqifei.com	有一年内各国航空公司的航班,价格便宜,不付款也可以出机票订单
天巡网	www.tianxun.cn	可比较一月之内或一年之内任何航班线路的机票价格,辅助用户选择价格最优的目的地,还可查询多数航空公司的实时票价信息
艺龙网	www.elong.com	提供酒店、机票及旅行团购产品等预订服务

★ 直飞法国的航空公司

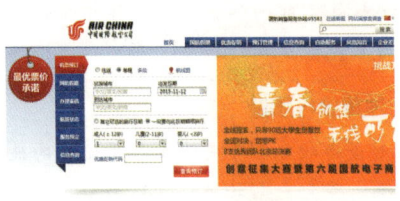

中国可直飞法国的航空公司有中国国际航空公司(CA)、中国东方航空公司(MU)、国泰航空公司(CX)、法国航空公司(AF)。除了直航外,还可以选择其他航空公司的转乘航班。这些具体信息都可以从各大航空公司或是旅行代理商处了解到。

中国飞法国的航空公司推荐

名称	航线	网址
中国国际航空	北京至巴黎	www.airchina.com.cn
中国南方航空	广州至巴黎	www.csair.com
中国东方航空	上海至巴黎、昆明至巴黎	www.ceair.com
法国航空	北京至巴黎、广州至巴黎、香港至巴黎	www.airfrance.com.cn
国泰航空	香港至巴黎	www.cathaypacific.com

★ 购买廉价机票小策略

购买机票,一般提前半个月到一个半月可以买到比较优惠的机票。可以登录各大航空公司的网站查询,也可通过实用的廉价航空比价网,搜索便宜的机票。另外,可以在手机上安装微驴儿网、去哪儿网等国际机票导购的APP,这些APP会定期推送特价机票,很方便。

去哪儿网机票安卓版下载

去哪儿网机票苹果版下载

微驴儿网安卓版下载

微驴儿网苹果版下载

实用的廉价航空比价网推荐		
名称	**网址**	**特色**
全球低价航空公司	www.attitudetravel.com/lowcostairlines	确定想去的区域、国家,即可找到所有飞往该国的低价航空公司,再点相应的航空公司,即可得知各家的航线和特惠
Lastminute	www.lastminute.com	紧急寻找廉价机票比价网
Cheapflights	www.cheapflights.com	美洲及欧洲廉价航空机票比价
Whichbudget	www.whichbudget.com	搜索许多廉价航空信息
Priceline	www.priceline.com	可组合两个不同航空公司的航班,买到比正常情况便宜的转机机票;另一大特色是可通过竞价方式拍到最便宜的机票或宾馆
Wego	www.wego.com	可同时搜索上百家公司的机票,不卖机票,帮助对比所有卖机票网站和航空公司网站的价格

续表

名称	网址	特色
Kayak	www.kayak.com	信息量大的搜索网站,不卖机票,帮助对比所有卖机票网站和航空公司网站的价格,能搜出便宜的机票,廉价航空公司的除外
Vayama	www.vayama.com	专门为国际机票而开的网站,可以买到最高折扣60%的国际机票
Airfare	www.airfare.com	常提供折扣可达70%的机票,经常能买到很便宜的国际机票

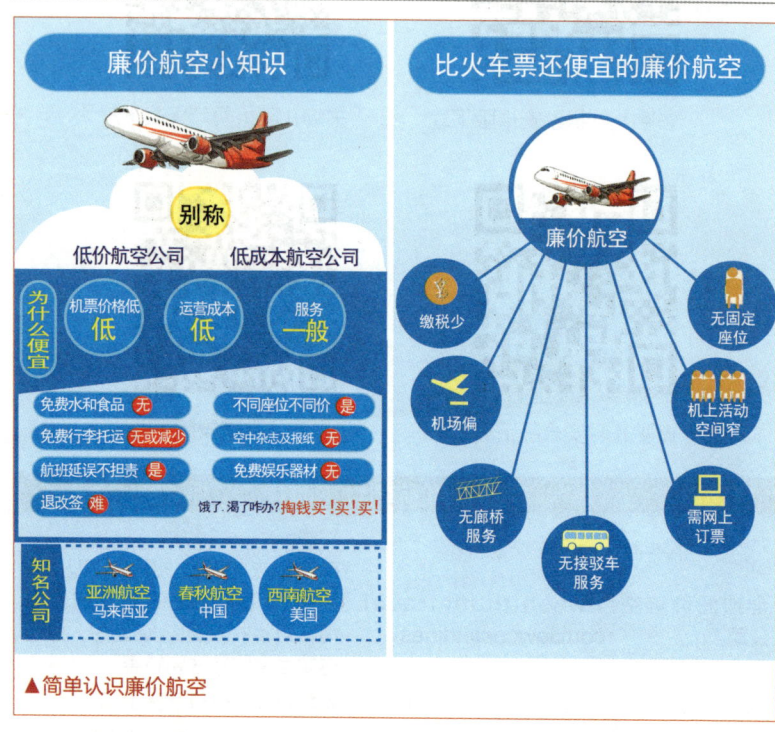

▲简单认识廉价航空

★ 预订机票不可忽略的事

1 第一次前往法国

如果你是第一次前往法国,建议搭乘直飞的航班,这样可以减少搭乘飞机的时间,而且不用去别的国家转乘,虽然换乘机票的价格比较便宜,但转机的过程较复杂,会比较麻烦。如果想避免转机,又想买到比较便宜的机票,那就提早预订,一般提前一个月可以预订到很便宜的机票。

2 了解预订机票最佳时机

每年的暑假、国庆、春节是国内主要的休假时间，属于出国旅行的旺季，这个时候的机票会比较贵一些，其他时间则相对便宜一些。最好选择在旅行淡季的时候去法国游玩，这时候不仅机票便宜，人也相对较少。另外，预订机票的时候，最好多比较几家航空公司和订票网站，如果不觉得麻烦，可以选择转机航班，一般比直飞航班便宜一些。

3 注意行李问题

乘坐法国的航班，首先要向所乘坐的航空公司询问可携带行李的数量、

重量及尺寸。一般第一件行李（限量23千克，长、宽、高三边相加≤158厘米）可免费携带，第二、三件行李可根据订座舱位情况而定。乘坐飞机时，不能携带易燃易爆等危险物品，在托运行李的时候，可以咨询机场工作人员行李是否需要上锁。

★ 图解赴法国机票预订流程

去法国旅行，首先要预订机票，不管是国内还是国外的航空公司都提供中文预订网页，比较简单，下面分别以国内的中国国际航空公司和法国的法国航空公司为例，详细解释预订机票流程。

中国国际航空公司订票流程

在浏览器上搜索其官方网站（www.airchina.com.cn）	→	点击机票预订，选择出发地、目的地、出发时间，以及乘客数量	→	选择你要乘坐的航班及舱位，进入下一步
确认信息，选择付款方式，确认支付即可	←	添加个人信息，包括姓名、性别、护照号码、联系方式等，填写完全后进入支付页	←	审核确认你的航班信息，以及是否购买旅行保险，进入下一步

法国航空公司订票

① 查询航班

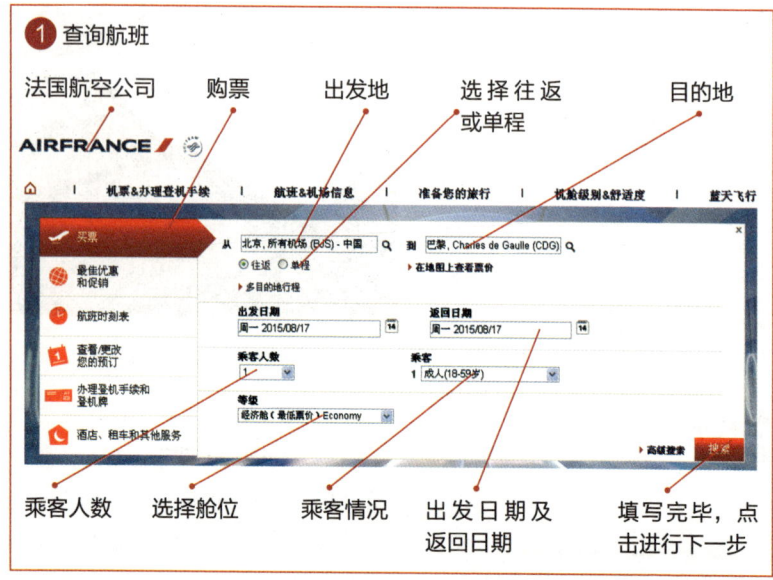

- 法国航空公司
- 购票
- 出发地
- 选择往返或单程
- 目的地
- 乘客人数
- 选择舱位
- 乘客情况
- 出发日期及返回日期
- 填写完毕，点击进行下一步

② 选择航班

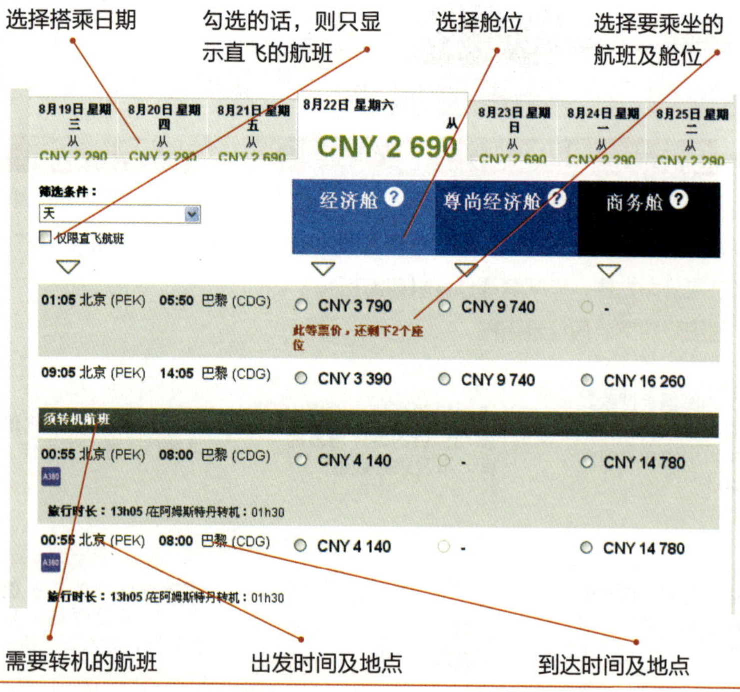

- 选择搭乘日期
- 勾选的话，则只显示直飞的航班
- 选择舱位
- 选择要乘坐的航班及舱位
- 需要转机的航班
- 出发时间及地点
- 到达时间及地点

法国旅行助手

❸ 确认旅行详情

出发时间、到达时间、出发地点、到达地点　　航班号　　图示为经济舱中包含的服务　　选择舱位，舱位不同包含服务不同

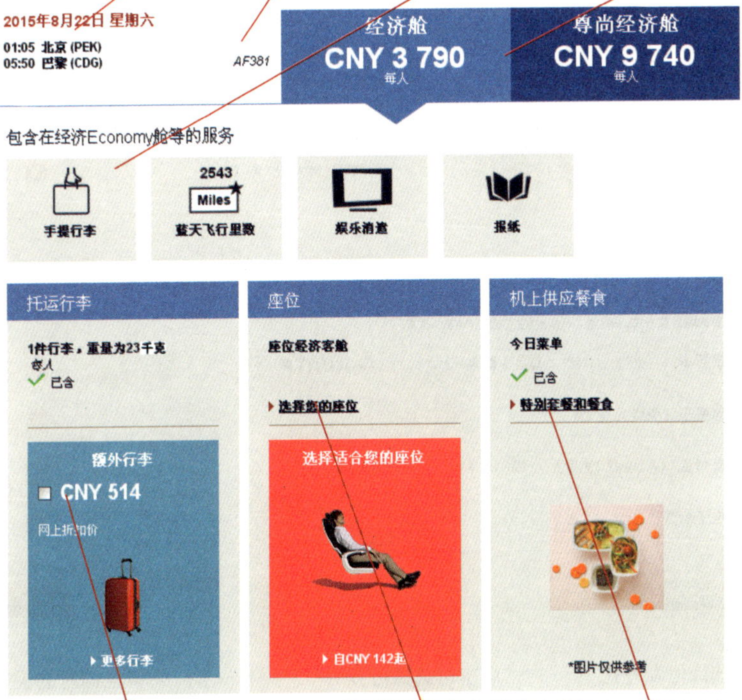

2015年8月22日 星期六
01:05 北京 (PEK)
05:50 巴黎 (CDG)

AF381

经济舱	尊尚经济舱
CNY 3 790 每人	CNY 9 740 每人

包含在经济 Economy 舱等的服务

- 手提行李
- 2543 Miles 蓝天飞行里数
- 娱乐消遣
- 报纸

托运行李

1件行李，重量为23千克
每人
✓ 已含

额外行李
☐ CNY 514
网上折扣价
▶ 更多行李

如有额外行李勾选这里

座位

座位经济客舱
▶ 选择您的座位

选择适合您的座位
▶ 自 CNY 142 起

选择座位

机上供应餐食

今日菜单
✓ 已含
▶ 特别套餐和餐食

*图片仅供参考

选择餐食

❹ 填写个人信息

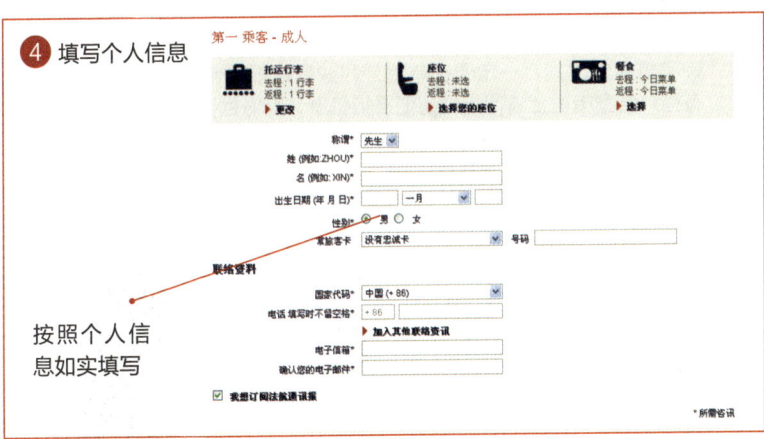

按照个人信息如实填写

❺ 选择付款方式

- 预订航班信息
- 须付款总金额
- 预订编号
- 点击可查看航班具体信息

您的预订

您的预订状态是：：等待付款　　　　　　　　　　　　　　　　　　　　　　　　　预订参考编号：ZMTNVR

请注意：您的预定只有在本步骤生效且您完成付款以后方可获得确认。请保留您的预定编号，您与法航联系时都需要使用此编号。

- 乘客1：小姐 tong tang

您的去程航班 - 2015年8月25日 星期二	10:55 北京 - 17:40 巴黎	▼
您的返程航班 - 2015年8月31日 星期一	12:35 巴黎 - 06:15 (+1天) 北京	▼

须付总金额：：CNY 8 203

安全支付 加密安全数据　　Norton SECURED

选择您的付款方式，请注意：该付款方式可能会产生额外费用。

银行卡（可能会产生费用）	VISA Diners Club DISCOVER JCB UATP ?	▼
银联卡（免费）		▼
支付宝 (Alipay)(免费)	支付宝 ?	▼
电子余额（可能会产生费用） ?		▼

关闭窗口　　　　　　　　　　　　　　　　　　　　　　　　　　　　　　　　　　继续

- 选择付款方式
- 点击可选择付款的银行、账户等
- 下一步，跳转至相应的银行或账户确认付款即可

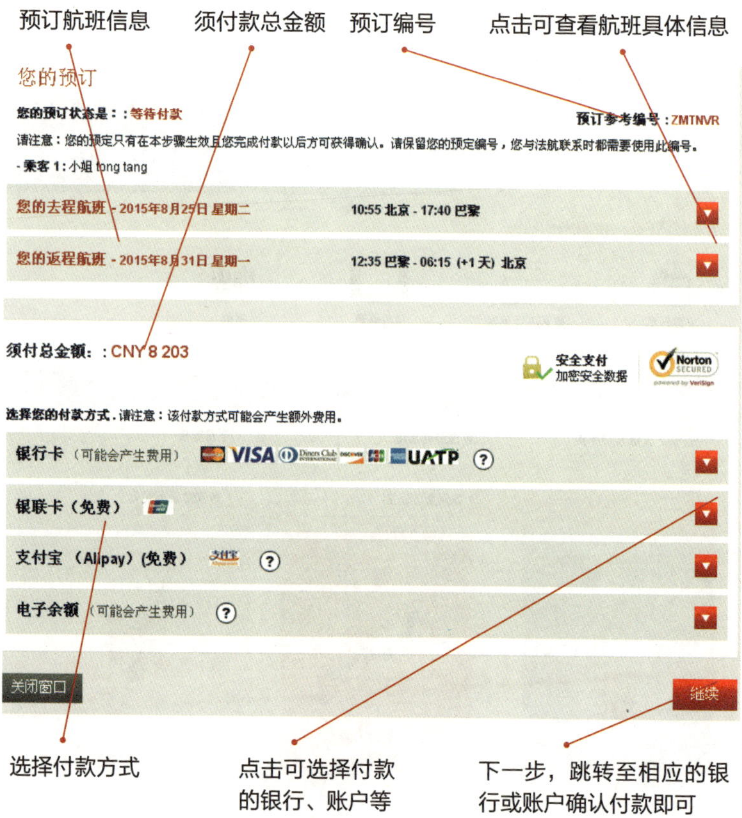

🎩 管家提示

　　购买机票的时候，一定要在航空公司或是正规的代理网站及机构处购买。有些广告宣传语上看似提供超低折扣机票，有时候当你付款后根本收不到机票，或是在出票时加价、收取服务费等。购票时，一定要擦亮双眼，谨防上当受骗。

NO.3 怎样解决在法国的住宿

过来人经验谈

叶刀和阳光·女·某公司职员·注重旅行质量

一直都是在 *Booking* 上预订酒店,虽然价格不一定是最便宜的,但这个网站信息全,也比较值得信赖。房间的规格、设施等写得非常清楚,另外,酒店是否可以免费取消订单也都标明,非常方便。

Milu_miluuu·女·学生·爱时尚爱旅行

法国的酒店会根据淡旺季、房间的设备而定不同的价格,夏天一般比冬天要贵,有浴缸的比使用淋浴的要贵。订房间的时候一定要看清楚房间内所包含的设施,按照自己想要的预订,免得产生较大的心理落差。

★ 法国常见的住宿类型

法国可供选择的住宿地有很多,星级酒店、家庭旅馆、青年旅社、乡村公寓、短期旅社等处处可见。如果想深度体验法国民俗民风,那就去家庭旅馆,你可以和主人一起用餐,体验地道的法国生活;如果想选择比较便宜的住宿,那就去青年旅社,20欧元左右一个床位;如果想住得舒服一些,可以选择一些比较知名的酒店,价格高低不等。

法国住宿类型概况		
类型	信息	图片
星级酒店（Hotel）	法国酒店按星级划分等级，共5个星级，即一星级至四星级及豪华四星级，服务及设施都比较好，一般四星级酒店价格都在150欧元以上	
青年旅舍	最经济的住宿方式，不过法国大部分青年旅舍都离市中心较远，且需要办理一张入会卡。旅舍的房间大多为4人、6人、8人和大通铺间。巴黎的青年旅舍的价格在19～25欧元，法国其他省份大约为10欧元	
家庭旅馆	如果你是自驾游览法国，那家庭旅馆就非常适合你。家庭旅馆比较便宜，一般位于郊区，订下房间之后，房主会把钥匙给你，但不能损坏房间内的任何东西；如果房主在家的话，家庭旅馆还能让你感受法国家庭的气氛，你可以和房主一起聊天、吃饭，非常温馨	
城堡酒店	法国有许多由古城堡、修道院和贵族公馆改建而成的城堡酒店，在这里你既可以休息住宿，又能欣赏城堡内的美景，虽然大多位于交通不太方便的地方，但非常值得专门前来住宿	
短期公寓	如果是和朋友家人一起来法国游玩，那么可以选择租短期公寓。这种公寓一般带有厨房。尤其是寒暑假时期，留学生回家，公寓房间空出来对外出租，住多久都可以	
露营	如果是自驾游或是准备在法国租车旅行，不妨尝试一下露营的住宿方式，你只需要带好帐篷和厨具，就可以近距离接触法国的大自然。法国有许多露营地的设施非常完善，不输星级酒店	

tips

法国的酒店与国内酒店不同,一般不会提供洗漱用品,也没有热水壶,如果需要热水,可到酒店的服务台或是附近的餐厅要。

法国许多酒店没有配备电梯,如果有比较重的行李,那非常不方便,所以在订房之前一定要问清楚。

★ 驴友最常用的住宿预订网站

驴友常用的法国住宿预订网有缤客(Booking)、雅高达(Agoda)、携程、国际青年旅舍联盟等,这些网站酒店比较全,价格也比较低廉,你可通过它们预订到法国各种类型的酒店。

驴友常用的酒店预订网推荐		
名称	网址	特色
缤客	www.booking.com	有中文网站,使用方便,但可选择的住宿地相对来说较少
雅高达	www.agoda.com	提供全球低价的酒店折扣价格,预订酒店需要提前付款,可以使用双币信用卡或者支付宝支付
携程	www.ctrip.com	酒店比较全,按照区域划分,同时提供不同的酒店对比功能,方便选择
olotels	www.olotel.com	欧洲的订房网站,价格比其他同类型网站便宜很多,可免费取消订单,网站显示价格为含税价,只能使用信用卡支付
HRS 全球订房	www.hrs.cn	欧洲最大的酒店预订网站,房源覆盖整个欧洲,价格比 booking 便宜一些,不需要预付和担保
法国青年之家联盟	www.fuaj.org	可以找到最全的青年旅舍的信息
Gite 家庭旅馆	www.gites-de-france.com	Gite 是由法国观光局认证的家庭旅馆,既可以租整栋房子,也可以租床位,在这里可以找到最理想的家庭旅馆

★ 酒店预订不可忽略的事

1 如果行程可以提早确定，那就尽早订酒店，越早预订越好，预订成功后可以打印预订单，办理签证及入境检查时都会用得上。

2 如果打算到了法国再找酒店的话，可以到当地旅游局寻求帮助，告诉工作人员你的要求和预算，请他们帮忙选择酒店。

3 如果一家酒店悬挂有"complet"标牌，则表明该家酒店房源已满。酒店的门口一般会贴着价格表，可以再多比较几家后做决定。

★ 图解法国酒店预订流程

预订酒店并不是一件很麻烦的事，许多网站都有中文页面，基本只要按照提示操作，就可以顺利预订到酒店。下面就以 HRS 全球订房网为例，详细解释预订酒店的方法步骤。

1 登录官网

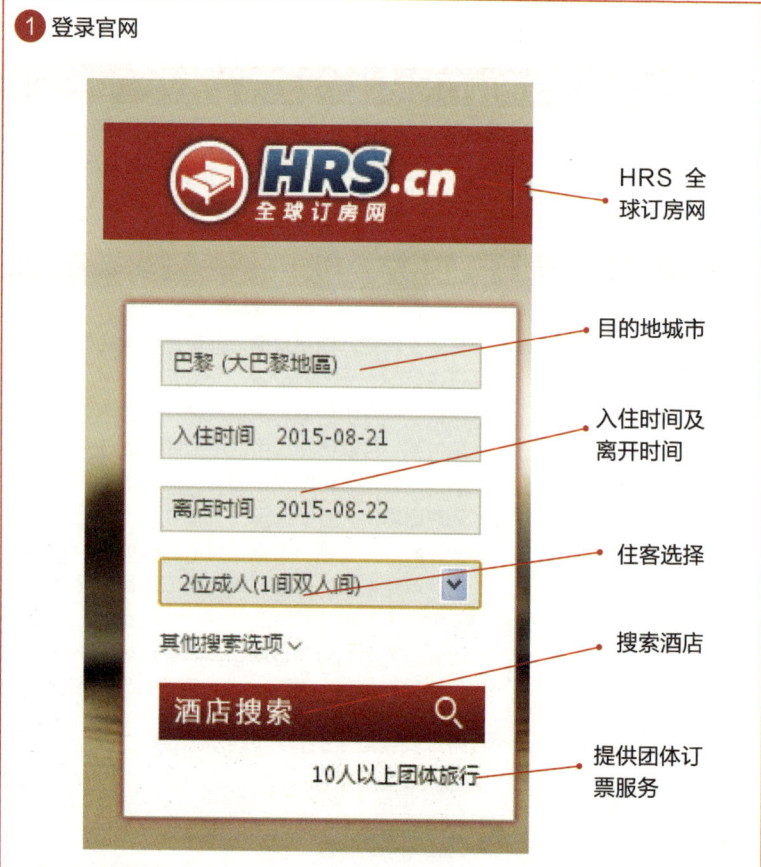

❷ 查找酒店

拖动滑块选择价格区间 | **勾选你所需要的服务，精确定位适合的酒店** | **点击可查看更多酒店详细信息，并预订** | **房间价格**

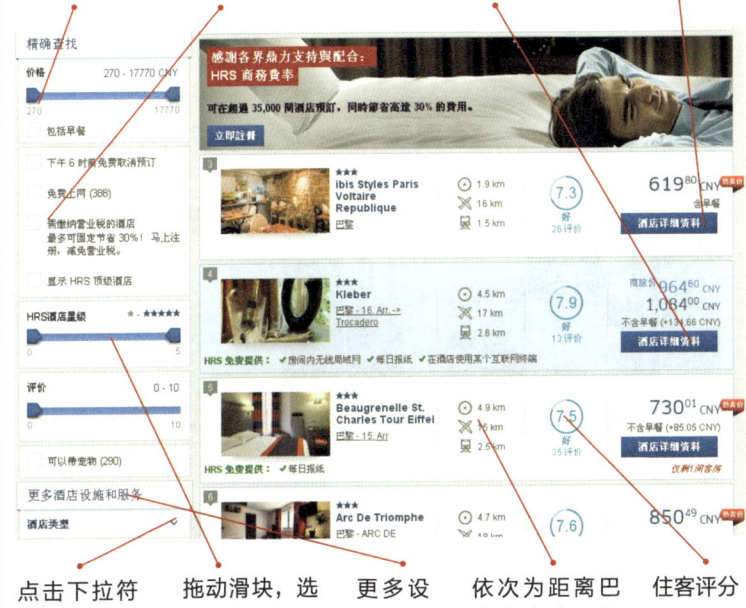

点击下拉符号，选择更多设施 | **拖动滑块，选择酒店星级及住客评价** | **更多设施选择** | **依次为距离巴黎市中心、机场及火车站的距离** | **住客评分**

根据个人情况，选择酒店类型、酒店设施、房间类型、服务，以及付款方式，勾选即可

PART 1

去法国要做的9件事

❸ 查看酒店详细信息

- 酒店名称及地址
- 距离市中心、著名景点及火车站的距离
- 住客评价
- 价格（人民币及欧元）
- 确定预订，点此进入下一页

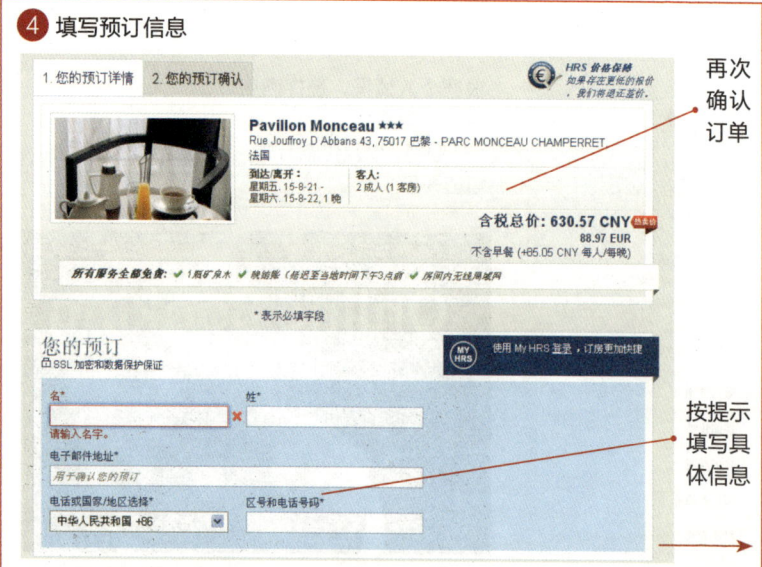

- 酒店实拍图预览
- 在 HRS 预订房间的客人可享受的福利
- 更多具体信息
- 入住信息

❹ 填写预订信息

- 再次确认订单
- 按提示填写具体信息

法国旅行助手

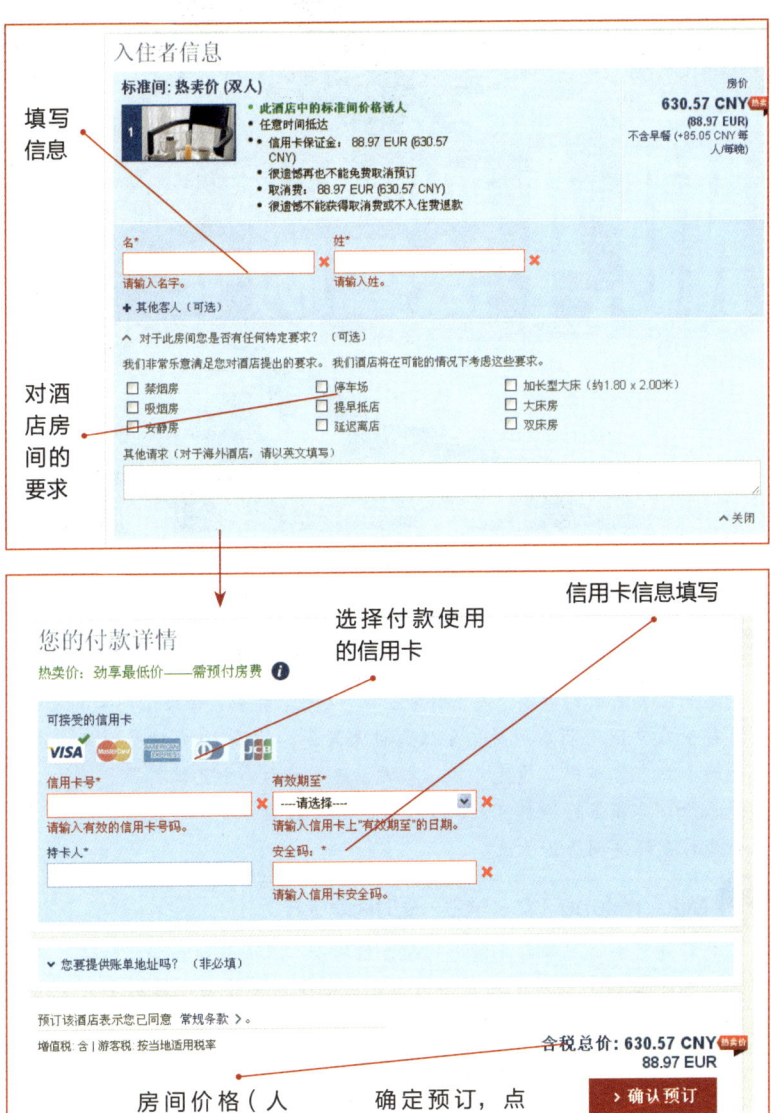

管家提示

法国观光局规定,提前 8 天预订酒店的游客,到达法国后,可以在旅游咨询处领取一份游览手册和酒店优惠券,入住酒店的时候把优惠券交给酒店工作人员,可以享受一定的优惠。另外,在周五、六、日三天内租住两天以上,可以享受 5% 的优惠,非常划算。

NO.4 如何在法国刷卡

过来人经验谈

Miss_Ho 同学·女·学生·喜欢一个人去旅行

第一次去法国的时候,买了好多包包、衣服、礼物,结果信用卡刷爆了,于是赶快联系国内朋友用速汇金汇钱过来救急,结果10分钟就到了。速汇金的网点在巴黎市中心随处可见,非常方便,国内的中国银行、交通银行、建设银行、工商银行等都可以取款汇款。如果在国外突然出现资金问题,速汇金绝对是解决问题的首选。

Milu_miluuu·女·学生·爱时尚爱旅行

之前自驾去法国带的是国内的磁条信用卡,在加油站加油的时候竟然刷不了,问了工作人员后才知道法国现在全部使用芯片卡,磁条卡不支持使用,于是只好用纸币支付了。另外,在购物、吃饭的时候,使用磁条卡竟然不用输入密码,直接签名就可以,卡要是丢了那可是分分钟被刷爆啊。回国后,赶紧办了一张中行的欧元双币卡,更安全一点。

★ 哪些信用卡在法国能用

法国的通用货币是欧元,最普遍可以使用的信用卡有维萨卡(Visa Card)、万事达卡(Master Card)、美国运通卡、大莱卡、JCB卡及其附属机构的信用卡。维萨卡和万事达卡在国内的许多银行都可同时办理,如中国银行、工商银行、招商银行等。另外,去欧洲比较方便的是办理双币卡或全币卡,推荐中国银行的国际卡、工商银行的欧元卡。

tips

办理国际信用卡的注意事项

（1）办理国际信用卡通常需要缴纳保证金，一般为500美金，具体金额每个银行都不同，办理之前可以打电话向银行询问具体金额。

（2）办理信用卡时需提供身份证明（居民身份证、户口簿、军人证、护照等银行接受的身份证明文件）、工作证明（一般为加盖单位人事部门公章的工作证明文件正本）、收入证明（一般为加盖单位财务部门公章的工作证明文件正本，如工资由银行代发可直接提供银行账号或按银行要求提供指定的对账单或存折副本），3个文件不可缺一。

（3）办理信用卡之后需要缴纳年费，一般是100～300元，目前招商银行不需要支付年费。

★ 如何在法国使用银行卡

信用卡刷卡消费

信用卡适合刷卡消费，在法国刷卡消费时，一般都不要手续费，只有在取现时，需要收取手续费。但是要注意的是，国内的银行卡特别是信用卡，一般都需要先开通境外支付服务才可以在法国使用，

所以在出国之前，首先要去发卡行办理境外支付等业务，不然来了法国也是没有办法使用。法国的商场、酒店、超市等地都支持刷卡消费，所以刷信用卡是比较方便的。如果信用卡上既有银联的标志，也有VISA、MasterCard的标志时，可以和收银员说明用银联，这样就可以用人民币结算，不然若以美元或欧元结算的话，会产生汇率损失和一定的汇率转换费用。

借记卡

借记卡可以在巴黎和戛纳使用，法国农业信贷集团、里昂信贷银行、法国储蓄银行集团、花旗银行的ATM上可以使用银联卡。法国的ATM大多有"AUTOMATIC CASH"的标志，法国市中心、购物区等地都可以看见许多ATM，只要你持有国际通用的借记卡，并输入正确的密码，就可以在

ATM上进行交易。要注意的是,法国的ATM是先吐卡后吐钞。有些没有张贴银联标志的ATM也可以使用银联卡,可以向服务人员咨询。大部分法国银行的ATM上没有查询功能。

★ 信用卡享受保险

在中国,开通信用卡可享受一些免费保险产品,主要为开卡送保险、积分兑保险、刷卡送保险等形式。目前多数银行的信用卡都附赠航空意外险,额度从50万元到3000万元。但信用卡附赠保险的理赔往往与刷卡消费紧密挂钩,如一些信用卡对于航空意外、旅行便利等保险的理赔前提,必须是用该信用卡为本人全额购买机票或80%支付旅游团费。

> **tips**
>
> 出险时,持卡人必须在规定时间内及时通过特定的热线电话向保险公司报备,并提供相关证明,如机票、登机牌复印件、损失清单和原始费用单据及身份证明等。除了航空意外险,其他险种理赔手续复杂,理赔金额一般也不会太高。

管家提示

去法国游玩,可以多携带几张信用卡,因为不同的商家接受的信用卡类型可能会有所不同。当然最好随身携带少许现金,购买低价商品的时候,许多商家不接受刷卡消费。此外,一些商家还会对信用卡收取额外的费用。

NO.5 兑换适量的欧元

过来人经验谈

Milu_miluuu·女·学生·爱时尚爱旅行

在法国无论是购物还是吃饭,就连买地铁票都使用信用卡,所以只带一小部分现金就够了。尽量多兑换一些20欧元的纸币,因为在法国比较常用的是20欧元,50欧元或更大面额的纸币可以少兑换一些,很多小型的商店没办法找零,可能会拒收。

Miss_Ho 同学·女·学生·喜欢一个人去旅行

当时为了方便,我们没有在国内兑换欧元,而是到了法国当地才换的少量欧元。法国换钱地方很多,银行、机场、车站、酒店、邮局等地都有换钱的地方,汇率也都各不相同。我们是在机场兑换的欧元,汇率高一些,但是比较方便,一般酒店等地的汇率会比较低。

★ 支持欧元兑换的机构

中国

在国内兑换欧元,中国银行、工商银行、建设银行、农业银行、招商银行、交通银行等都可以办理。每家银行兑换外币都不收取手续费,但最好到中国银行兑换欧元,因为中国银行外币类型最为齐全,且汇率是最合适的。一般用欧元兑换人民币可直接到银行柜台兑换,若是人民币兑换欧元需要提前打电话预约,因为一般银行不会存储过多的外币,并且不管是兑换欧元还是人民币都需要携带本人身份证。

法国

在法国，兑换欧元最划算的地方要属各大银行，不过银行的营业时间一般为9:00—16:30，服务时间不是很长。市中心的私人兑换所营业时间比较长，兑换比较方便。另外，法国的邮局、大型酒店、车站、机场等地都提供货币兑换服务。

★ 坚决不要大额欧元

在法国，不管是购物还是吃饭都可以使用信用卡，连买车票都可以刷卡消费。法国人很少使用现金，外出也基本只带面额较小的欧元，用来付小费等。同时，法国最常流通的是20欧元的纸币，50欧元及以上面值的纸币较少使用，一般小型商店都拒绝接受大额欧元，因为不方便找零，出现假钞损失也比较大。

★ 带多少欧元合适

在法国，旅游消费主要是交通、饮食、购物、住宿、门票等，而且大部分消费都可以使用信用卡支付，现金可根据停留时间、人员、消费预算等计算，不宜携带太多。

交通：在法国市内可以搭乘地铁、巴士、火车、TGV、出租车等，非常方便。一般地铁和巴士单程都是1.7欧元，在巴黎市内搭乘出租车前往各大景点或购物中心的花费在20～30欧元，从机场前往巴黎市中心大概30欧元。

饮食：法国当地有很多独具特色的小吃，好吃又不贵，如奶酪、可丽饼等。在正规的家常餐厅基本花销约25欧元，如果到比较高档的餐厅，则花费110～350欧元。

门票：法国大多数景点门票价格较低，一般在10欧元左右，如果去巴黎玩，可以购买PARIS PASS（观光通票），可以参观巴黎60多处著名景点，包括罗浮宫、凡尔赛宫、埃菲尔铁塔、凯旋门等，并可以免费搭乘1～3区公共交通工具。

购物：到法国一般都会买奢侈品和纪念品，如包包、香水等，这部分的费用均视个人情况而定，根据预算调配。

小费：法国对于支付小费没有硬性规定，如果你觉得自己受到的服务比较好，可以适当地给一些小费，一般情况下，小费金额为消费金额的10%～15%。

住宿：法国的住宿费用根据地区有所差距，一般巴黎地区住宿费用相对较高，普通酒店消费为500元/天，中档酒店1700～3400元/天，高档酒店3300～6700元/天（均为折合成人民币价格）。如果想节省费用可以选择一些距离市中心较远的旅馆。

法国小费标准参考

类型	小费金额参考
酒店	如果客房每天有人打扫和整理，可以适当留 1~2 欧元放在床头当作小费，不一定非给不可
餐馆	如果对服务人员比较满意，可以支付账单 5% 的小费。一般来说一个人吃饭付 1 欧元即可；如果是 4 人吃饭，则付 5 欧元即可
美发厅	一般付给美发师的小费为消费金额的 10%；如果是付给洗头工，则给 3~4 欧元即可
出租车	一般搭乘出租车，如果路程不远的话，付 1 欧元小费即可；路程较远的话，可以支付车费的 10%~20% 为小费
机场行李搬运工	搬运工的人工费已经包含在账单内，但一般还是会付 1~2 欧元的小费。如果有多个搬运工，小费应是相同的
咖啡厅	一般喝咖啡时付给服务人员的小费为账单的 5% 即可，如喝了一杯咖啡，付 10~20 生丁即可，如果是喝酒付 50 生丁~1 欧元即可

管家提示

法国海关规定，中国公民进入法国境内最多可携带 1 万欧元，中国公民应遵守法国海关规定，不携带超额现金入、出境法国。中国国家外汇管理局批准，银联借记卡在法国 ATM 的每日最高取款金额为等值 1 万元人民币。

NO.6 携带行李有讲究

过来人经验谈

Milu_miluuu·女·学生·爱时尚爱旅行

准备去法国的前一周,在老妈的"威逼利诱"下列了一个行李清单,出发之前由老妈挨个核实了一遍,虽然麻烦,但在法国确实没有出现想找什么我不到的情况。

叶刀和阳光·女·某公司职员·注重旅行质量

去旅行之前,一定要把重要的证件放在手提包内。我当时把护照放在了行李箱中,过海关的时候又把行李打开找护照,非常麻烦。另外,一定要在自己的行李箱上做特殊标记,下飞机领取行李的时候会方便很多,也能防止和别人的拿错。

★ 必备物品

必备行李主要有护照、机票、酒店订单、少量现金(人民币、欧元)、银行卡、信用卡、药品等,这些物品都比较重要,一定要妥善保管。

★ 备用物品

备用物品包括各种随身物品，旅游时可放在随身包带出去。这些物品主要包括相机和手机等电子产品，旅游资料，雨伞、创可贴、防晒霜、笔、纸等。此外，可以提前查询法国当地气温，带一些应急的衣物。

★ 做个行李备忘录

行李准备清单

证件类			衣物类		
类别	带齐打√	备注	类别	带齐打√	备注
签证			长衣、长裤		
护照			T恤衫、短裤		
学生证			沙滩衣裤		
青年旅舍会员卡			内衣内裤		
证件照及电子版			外套		
现金及信用卡			鞋		
驾照及公证件			围巾		
行程单			遮阳帽/伞		
笔和纸			太阳镜		

药品类			护肤品类		
类别	带齐打√	备注	类别	带齐打√	备注
驱蚊药			防晒霜		
创可贴			洗面奶		
感冒药			爽肤水		
眼药水			润肤乳		
藿香正气丸			眼霜		
诺氟沙星			隔离霜		

通信拍照类			清洁卫生类		
类别	带齐打√	备注	类别	带齐打√	备注
手机			毛巾		
相机/DV			牙膏牙刷		
存储卡			梳子		
替换电池			剃须刀		
充电器/充电宝			湿巾/纸巾		
插头转换器			生理用品		
地图			旅行三宝（U形枕、耳塞、眼罩）		
攻略指南					

★ 行李打包窍门

1 所需物品放一起
将所有需要打包的物品放在一起，可方便整理，还能避免打包结束后又要拆包放置被遗忘的物品。

2 摆放物品有先后
行李箱内物品应按照衣服在底其他物品在上，垂直应为上轻下重的顺序摆放。背包内一般放置证件、充电器、洗漱包等常用的日常物品。

3 掌握技巧能多装
合理利用箱包内的空间能够装进更多的东西：将衣服卷起来，杯子里放上毛巾，打包后将袜子或丝巾等物品卷成卷放入有空隙的角落等都是不错的打包技巧。

4 打包带必不可少
前往法国的航班时间较长，一根打包带能使行李箱多一分安全保障。

5 巧用胶带防被偷
在打包结束后可以在行李箱边缘或行李箱锁口贴上一小条胶带，这样如果有人对行李箱做过手脚就能很容易被看出来。

6 明显标记不拿错
将自己的行李箱做上特殊的标记，这样在机场领取行李时，能更好地找到自己的行李，也避免被他人拿错。

 管家提示
去法国旅行，免费携带的行李数量是有限的，所以一定要想清楚到底哪些是必需品，不要携带一些没有多大用处及可以在法国买到的东西，避免浪费空间，也不容易看管。

NO.7 随时随地能联系

过来人经验谈

 叶刀和阳光·女·某公司职员·注重旅行质量

去法国旅游,如果不经常上网的话,开通国际漫游就够了。一般法国的酒店都有免费使用的无线网络,市中心和大多数景点也都可以免费上网,还是比较方便的。另外,如果有网络或Wi-Fi的话,一定要在手机或者iPad上下载导航软件,毕竟法国地域辽阔,人生地不熟,在一个语言不通的地方迷路可是非常麻烦的事。

 Miss_Ho 同学·女·学生·喜欢一个人去旅行

我当时买的是Lebara的卡,10欧元的卡,里面有7.5欧元的余额。把卡装到手机上后需要上网激活,也可以选择打电话激活,但是只能使用法语。我选择的是4.9欧元250M流量的上网套餐,网速还可以。

★ 方便快捷的国际漫游

开通国际漫游业务可以通过拨打电话或是在运营商的网上营业厅办理,开通国际漫游业务后,就可以在法国使用自己的手机接打电话、连接网络,非常方便。

移动用户

移动用户开通法国国际漫游资费情况如下:

资费信息									
国家	拨中国内地	漫游地接听	拨漫游地	拨其他国家和地区（不含特定国家和地区）	发短信回中国内地	发短信至其他国家和地区	收短信	数据流量	4G漫游
	元/分钟				元/条				
法国	1.99	1.99	0.99	3	0.39	1.29	0	6元包3M	支持

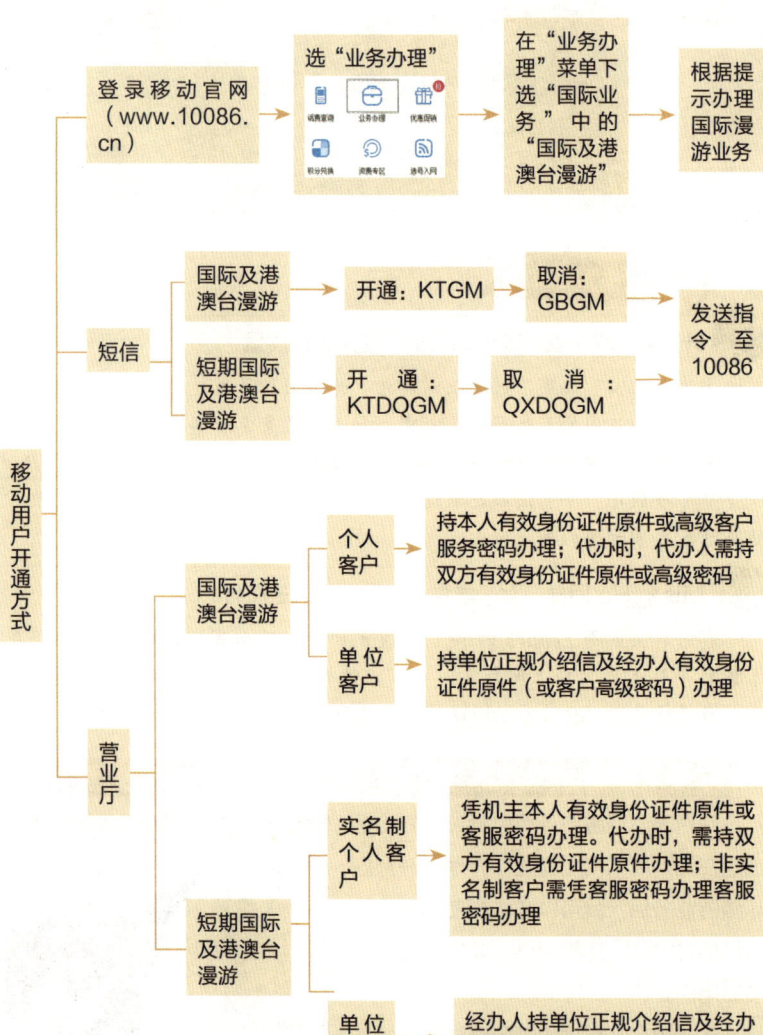

联通用户

联通用户开通法国国际漫游资费情况如下：

资费信息						
运营商名称	拨打漫游地（元/分钟）	拨打中国大陆（不含台港澳）（元/分钟）	漫游地接听（元/分钟）	发中国大陆（不含台港澳）短信（元/条）	发其他国家和地区短信（元/条）	数据漫游（元/KB）
法国 Orange France	1.86	1.86	0.96	0.86	1.76	5元/3MB·天
法国 Bouygues Telecom	1.86	3.86	0.96	0.86	1.76	5元/3MB·天
法国 SFR						

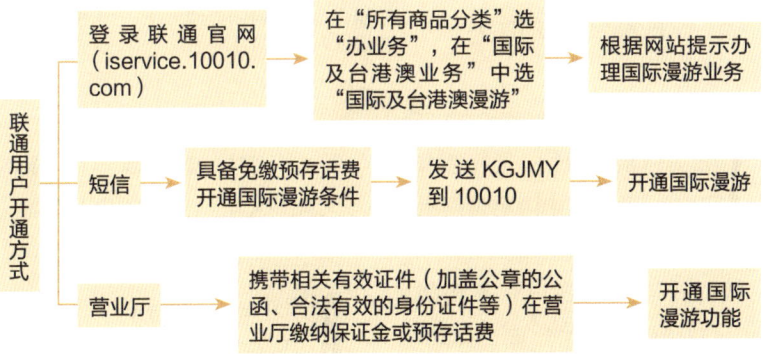

电信用户

资费信息								
国家	拨中国内地	漫游地接听	拨漫游地	拨其他国家和地区（不含特定国家和地区）	发短信回中国内地	发短信至其他国家和地区	收短信	数据流量	4G漫游
	（元/分钟）				（元/条）				
法国	1.99	1.99	0.99	3	0.39	1.29	0	6元包3M	支持

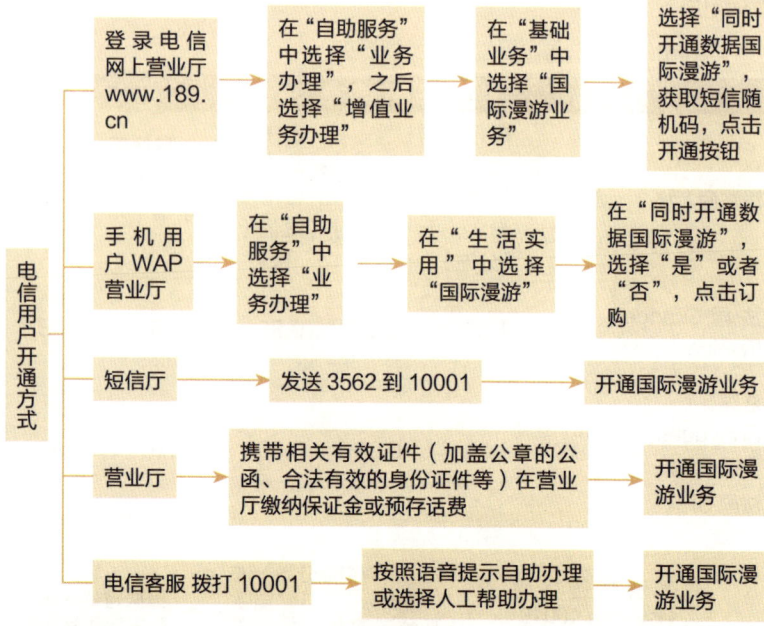

tips

1 如果你是电信钻、金、银卡用户,可通过中国电信网上营业厅、中国电信掌上营业厅或拨打中国电信客户服务热线10000等方法直接开通。普通用户则需预存话费余额大于500元后才可以通过以上方式开通。

2 法国是GSM网络,你所携带的手机一定要支持GSM制式。同时,建议办理一张"新天翼国际卡",漫游费用比普通天翼卡要便宜很多。

3 国外漫游期间手机卡匹配原则:3G手机配3G手机卡,4G手机配4G手机卡,否则,机卡不匹配会导致手机无法正常使用。

★ 省钱的电话卡

法国的电话卡网络制式包括GSM900或GSM1800制式,去法国之前一定要保证自己的手机可以兼容法国的网络。法国有3大手机服务商,分别是Bouygues Telecom、Orange和SFR,分别提供Bouygues Telecom卡、Orange卡和SFR卡。这些卡的资费、业务都不尽相同,你可以根据自己的需求办理,这些卡可以在法国购买,也可以在出国前通过旅行社或者网络购买。

种类	信息	网址
法国手机电话卡推荐		
Orange 卡	Orange 卡虽然价格贵一些，但是最方便，信号最好。SIM 卡卡费 1.9 欧元，商店开卡 9.99 欧元含 5 欧元余额。可选套餐包括：10 欧元含 1 周内无线短信＋通信，100M 流量；20 欧元含 1 个月内无线短信＋通信，300M 流量	www.orange.fr
SFR 卡	SFR 卡卡费 1.99 欧元，可选套餐包括：5 欧元含 5 天内 1 小时法国国内通信，无限短信，20M 流量；10 欧元含 10 天内法国国内无限通信、短信，100M 流量；20 欧元含 1 个月内法国国内无限通信、短信，300M 流量；30 欧元含 1 个月内法国国内无限通信、短信，2G 流量	www.sfr.fr
Bouygues Telecom 卡	可选套餐包括：19.99 欧元含 7 天法国国内无限通话、短信，300M 的 4G 流量，至多 12 分钟的国际长途（可打国内 4 分钟）	www.corporate.bouyguestelecom.fr

★ 教亲人如何与你联系

在法国和国内亲人联系，可通过打电话、发短信、使用社交软件等方式，发短信比打电话便宜一些，在有Wi-Fi的地方，用微信、QQ等软件也更为方便。另外，也可以提前下载What's APP软件，该软件可以支持100多个国家和地区的即时通信、发送短信、视频等，非常方便。

打电话

从中国（不含港澳台）打电话到法国的方法：国际冠码（00）+ 国家代码（33）+ 区号（一般为3位）+ 电话号码（8位）

发短信

从中国（不含港澳台）发短信到法国的方法：国际冠码（00）+ 国家代码（33）+ 手机起码（6）+ 手机号码（8位）

微信/QQ

提前下载并安装微信和QQ，加上好友，法国的大型商场、酒店等都有免费Wi-Fi，上网非常方便。如果没有Wi-Fi，可以开通相应运营商的流量套餐。

What's APP

What's APP是一款类似于微信、QQ的软件，可以发短信、视频等。即使处在信号非常差的地方，微信、QQ无法发送，What's APP也可以正常使用。

管家提示

法国的网吧并不像国内那么多，如果是在巴黎旅行，巴黎市政府提供名为"Wifi Paris"的免费无线上网服务，只要打开手机上的无线设置连接即可使用。不过在一些偏远的地区，无线设置并不像巴黎这么完善，可以购买或者租赁一部卫星信号手机。

NO.8 买份旅行保险

 过来人经验谈

 **叶刀和阳光·女·某公司职员·注重旅行质量**

出国旅行，毕竟是去了一个陌生的地方，不管是否会有危险发生，最好还是给自己投一份保险，这也是对自身安全的保障。万一有意外状况发生，有一份保险不至于让你手忙脚乱。

 Milu_miluuu·女·学生·爱时尚爱旅行

因为是第一次去法国旅行，对旅行目的地也不熟悉，所以就买了一份中国人保财险全球旅游保险，可以保障医院看病及旅途中发生的各种意外状况，比较划算。

★ 哪些保险公司靠谱

法国是申根国家，境外旅游保险金额在3万元以上，非常昂贵，所以你可以在去法国之前在国内买一份保险。国内可以选择的保险公司有很多，平安保险、中国人保财险、太平洋人寿保险等公司都是比较值得信赖的保险公司。购买保险之前一定要提前咨询好相关信息，可以在保险公司的官网或是到门店内购买，手续比较简单，不需要体检。

PART 1 去法国要做的9件事

保险公司网站信息		
保险公司	网站	有关险种
中国人寿保险公司	www.e-chinalife.com	出境保险等
中国平安人寿保险公司	www.4008000000.com	境外旅游保险一全球行等
中国太平洋人寿保险公司	www.ecpic.com.cn	境外旅行综合及紧急救援保险等
太平人寿保险公司	www.cntaiping.com	太平悠长假期旅行意外保障等
泰康人寿保险公司	www.taikang.com	泰康e顺签证宝旅行保障计划等

★ 花小钱换大保障

境外旅行保险一般包括意外险、医疗险等,有的还附加境外个人旅行不便保险、境外旅行法律责任险等项目。花点小钱办理境外旅游保险,可以换个大保障。

名称	范围	网址
平安"畅行天下"境外旅行保险(全球行基础计划)	意外身故/残疾/烧烫伤、意外伤害医疗、紧急医疗救援、航班延误、行李延误、行李票证损失保障、旅行期间家财保险等	www.4008000000.com
中国人保财险全球旅游保险(e-四海逍遥游保险)	门诊、急诊及住院医疗费用补偿,行李和随身物品丢失赔偿、托运行李丢失赔偿、意外身故和残疾给付等	www.epicc.com.cn
太平洋人寿保险公司"乐游人生"境外旅行救援保险(尊贵版)	境外意外伤害保险责任、境外住院医疗保险责任、境外紧急救援保险责任、附加境外个人旅行不便保险、附加境外旅行法律责任保险等	www.ecpic.com.cn
泰康e顺签证宝旅行保障计划	旅行意外伤害身故/残疾/烧伤保险金等	www.taikang.com
安联国际旅行保险尊悦计划	公共交通意外伤害保障、自驾车意外伤害、旅行紧急医疗运送和送返、随行者随身财产、旅程延误、未成年人送返费用补偿等	www.hzins.com

管家提示

在法国,无论要去哪个地区,哪个景点,最好在前一天晚上查清楚当地的天气、环境等自然情况,以免发生不必要的麻烦。另外,无论去哪里玩,最好提前把法国的一些急救电话设置成快捷方式,遇到意外时方便求救。

NO.9 提前下载 APP

过来人经验谈

Milu_miluuu · 女 · 学生 · 爱时尚爱旅行

在这个移动互联网的时代,手机里没几个法国当下流行的 APP 都不太好意思出门。出发前,我们下载了法国旅游 APP。不得不说,这个软件非常棒,它可以推荐一些法国各地的特色餐厅,正是这个功能让我们在法国吃到了最正宗、最美味的美食。另外,这个软件还会提供一些特色旅游路线,让你体验一些一般人感受不到的法国美景。

★ 搞定语言用 Google 翻译

Google 翻译是谷歌公司开发的在线翻译软件,支持超过 50 种不同语言的翻译。可以语音输入进行在线翻译,也可以将摄像头对准某段文字,软件会立即翻译这段文字。翻译器还支持把翻译出的文字转换成语音,并提供离线语言包,供离线使用。支持手机 iOS 系统、Android 系统及 Windows Phone 平台,扫描二维码即可下载。

Android 系统

iOS 系统

★ 找路用 Google 地图

Google 地图是一个实用的地图软件,可以帮助你探索未知的地方,了解当地的人气地点,同时还可以帮你设计行驶路线。支持手机 iOS 系统、Android 系统及 Windows Phone 平台,扫描二维码即可下载。

Android 系统

iOS 系统

★ 旅游用猫途鹰

猫途鹰是一个提供景点、酒店、美食等咨询,并提供旅游问答、旅行攻略的大型旅游社区网站。支持手机 iOS 系统、Android 系统及 Windows Phone 平台,扫描二维码即可下载。

Android 系统

iOS 系统

★ 订房靠 Booking

Booking 是一款酒店预订软件,提供全球超过 17 万家酒店预订信息,并有目的地检索筛选功能。软件支持手机 iOS 系统、Android 系统及 Windows Phone 平台,扫描二维码即可下载。

Android 系统

iOS 系统

★ **逛景点用法国旅游**

　　法国旅游是一款法国语音导游软件，提供几乎全部的法国知名景点语音介绍，同时包括配图和文字。该款软件还会推荐法国各地的特色餐厅及特色旅行路线，并提供车辆预订服务。软件支持手机 iOS 系统、Android 系统及 Windows Phone 平台，扫描二维码即可下载。

Android 系统　　　　　　　　iOS 系统

 管家提示

　　提前下载与法国旅游相关的 APP，了解法国旅游的相关信息，把法国装进手机里，让你的旅行变得简单、轻松。下载相应的 APP，不仅能帮你快速获得信息，还可以得到相应的实惠。

Part 2

4大步骤详解出入境

NO.1 出境别大意

过来人经验谈

Charles·女·某公司职员·多亲子游经验

出发那天,心情相当激动,前一天晚上都没有睡好,总担心忘带什么东西,检查了好几遍所带的物品,并且提前两个多小时就到了机场。当天要出境的人不是很多,办理登机牌的队伍也不长,很快就办完了手续等待登机。为了打发时间,连接机场的免费Wi-Fi上网,安心等待登机。

叶刀和阳光·女·某公司职员·注重旅行质量

我们是一家人一起去法国旅行的,当时预订的是从北京直飞巴黎的航班,因为需要乘坐大概10个小时的飞机,害怕孩子在飞机上睡不好,哭闹影响别人,因此提前还调整了一下作息时间。不过还好,孩子在飞机上睡得比较好,为第二天轻松出行创造了很好的条件。由于我们是带孩子出行,所以从安检到出海关都走的是绿色通道,还算方便。

★ 为何提早去机场

国际出发的旅客,要经过一系列安全检查,且一般国际航班提前1个小时就不办理登机牌,为确保顺利登机,建议最晚在航班起飞前2.5~3小时到达相应的航站楼。

▲ 国际出发流程图

托运行李 → 检验检疫 → 边防检查 → 安全检查 → 海关检查 → 候机及登机

1 办理登机手续及托运行李

首先应提前向航空公司或机场确认你所乘坐的航班所在的航站楼。如果携带有向海关申报的物品，需要在办理登机手续之前填写《中华人民共和国海关进出境旅客行李物品申报单》，并在海关申报柜台办理申报手续（享有免检和海关免于监管的人员，以及随同成人旅行的16周岁以下旅客除外）。另外，如有需要也可以办理行李托运，办完后拿登机牌。

2 检验检疫

如果你将要出国一年以上，建议到检验检疫部门进行体检，以获取有效的健康证明。如果出行目的地恰好是某一疫区，应进行必要的免疫预防疫苗接种。

3 边防检查

出示有效的证件，护照、签证等，如果持有关部门签发的出国证明应及时出示。

4 安全检查

提前准备好登机牌、机票和有效护照证件，交给安全检查员查验。旅客须从安全检测门通过，随身行李物品须经X光机检查。

5 海关检查

如果携带有向海关申报的物品，须填写物品申报单，选择"申报通道"（又称"红色通道"）通关；如果没有，无须填写《申报单》，选择"无申报通道"（又称"绿色通道"）通关。

6 候机及登机

经过安检以后，可以到登机牌上标示的登机口的相应候机区休息候机。一般情况下，航班起飞前至少30分钟开始登机，可留意广播提示及航班信息显示，登机时需要出示登机牌，提前准备好。

关税申报单如实填写

出境旅客携带以下物品,须在关税申报单内如实填写,并将有关物品交海关验核,办理有关手续。

(1)文物,濒危动、植物及其制品,生物物种资源,金银等贵重金属。

(2)单价超过 5000 元人民币的照相机、摄像机、手提电脑等物品。

(3)人民币现金超过 2 万元,或外币现金折合超过 5000 美元。

(4)货物、货样、广告品。

管家提示

在机场经过检查之后,就可以等待登机了。登机之后可以把行李放在行李架上,也可放在自己座位下边。座位前边的座椅背袋内有飞机内部示意图,你可以大概了解一下洗手间、紧急出口的位置。从北京直飞巴黎需要 10 个小时左右,你可以看看飞机上的杂志,也可以提前下载几部电影、电视剧,在飞机上打发时间。另外,法国是申根国,入境不需要填写入境卡。

NO.2 入境别慌张

过来人经验谈

叶刀和阳光·女·某公司职员·注重旅行质量

其实入境并不是非常麻烦，只要按部就班行事就可以了。如果有需要申报的物品，记得填好申报单。要注意，如果不知道携带的物品是否可以带入境，一定要提前询问相关的工作人员，不然可能会没收违禁物品，甚至处以罚款。

★ 边检过关不要紧张

法国边防警察会在机舱出口处检查旅客的相关旅行证件是否齐全。如果警方对你所持证件有疑义，会将你带到边防办公室处理，并暂时扣留你的证件和随身物品；如果问题长时间无法解决，可通过办公室内座机与外界联系。问题解决后，旅客方可继续行程，否则，可能会被原路遣返。一般边境检查主要询问一些简单的问题，如你的入境目的、预计停留时间、所携带钱数等，你只需如实回答就可以了。如果不会法语或英语，可以要求边检方面提供中文翻译服务。检查无误后，入境官员会在你的护照上盖章并标明入境日期。

在入境时最好将护照、签证、返程机票、酒店订单、旅行资费等能证明入境目的和停留时间的相关证件、材料准备好，必要时可以将这些证件、材料出示给法国移民官。

PART 2

4大步骤详解出入境

★ 领取行李不出错

根据机场大厅内的指示前往行李领取处,根据机场内滚动屏幕或告示找到你所搭乘航班班次的行李传送台。从传送转盘上取下自己的行李,核对行李号码并认真检查,防止拿错行李。转盘附近一般有行李推车,拿好行李就可以前往海关进行检查了。

★ 海关检查不左顾右盼

在海关进行检查的时候,可以选择最短的一列排队。排队时不要左顾右盼,也不要临时换到别的列队,免得被海关方面误认为形迹可疑而要求进行仔细盘问。

★ 怎样顺利出关

法国海关一般采用抽查的方式检查游客行李,检查时要提供相关旅行证件、海关申报单,对验关人员提出的相关问题一定要如实回答。如果被要求开箱检查,一定不要迟疑,立即打开。检查无误后,就可以提着行李立即离开。如果行李中被发现有违禁物品,会被当场没收;如果问题较为严重,有可能会被带到海关办公室进行进一步检查。

通过海关后,时间充裕的话,可以到机场服务台或者旅游服务处获取城市地图、信息、火车等公共交通信息,之后就可以搭车离开机场。

★ 不可不知的转机常识

若选择需转机的航班,建议转机时间安排3个小时以上。在国内出发地柜台办理登机手续时,可选择"行李直挂"。

法国境外转机

如果是在韩国、泰国等法国境外的国际机场转机,不用出关,也不用取托运行李,只需在机场内的限定区域停留,行李自动托运到下一趟航班。

法国境内转机

在法国境内转机,一般在国内搭乘第一程航班时就会把后一程的登机牌及转机导览图给你,你只需要在搭乘后一程飞机之前再次确认登机口即可。如果你购买的是中转联程机票,那么你的行李会直接托运到后一程降落机场,否则需要将行李重新托运。

★ 打电话与国内亲人联系

从法国打电话到中国

拨打中国国内座机：00（法国国际冠码）+86（中国国家代码）+ 区号（前面的0去掉）+ 座机号码；

拨打中国国内手机：00（法国国际冠码）+86（中国国家代码）+ 手机号码。

法国国内电话互打

在法国国内打电话与在中国国内打电话一样，如果你是从巴黎地区内互打，直接拨打号码就可以，如果要打到里昂，则需要先加上里昂的区号（562），然后再拨打电话号码即可。

法国打电话到中国的方法

从法国打电话到中国，既可以使用 Rebtel 等网络电话，也可以直接购买法国当地电话卡，或是使用公用电话及手机。

1. Rebtel 等网络电话

用 Rebtel 等网络电话，价格便宜，通话的效果也很好。拨打中国电话只约需每分钟 0.95 美分，相当于人民币 6 分钱。Rebtel 是通过将国际长途号码映射成你所在国家的国内号码。同时，Rebtel 适用于任何类型的手机、固话及电脑等设备，非常方便。

2. 在当地购买电话卡

如果没有提前在国内办好相应的电话卡套餐，可在法国当地的邮局、烟草店或者报摊购买。所有法国手机卡在法国境内接电话都免费，不存在漫游费用，烟草店一般会提供充值服务。

Rebtel → 注册 Rebtel 用户 → 注册成功之后，登录（Log In）账号，通过"账户管理（My Rebtel）"页面添加好友。点击"添加新联系人（Click to Add a New Contact）"，打开链接填写你所添加联系人的姓名（Name）、电话（Number）、电话类型（Phone Type）、邮箱（Email）等信息，确认添加联系人（Add Contact）即可

添加完联系人后，在 Rebtel 网络电话账户管理中，点击"Add Credit"，然后按照提示为账户充值即可

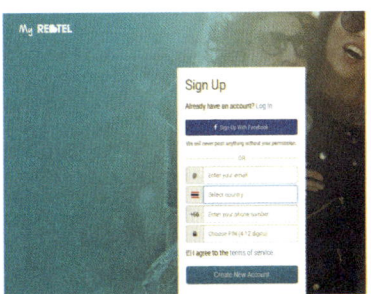

★ 如何适应法国时差

法国横跨 UTC 和 UTC+1 两个时区，但是目前全国都以 UTC+1 为标准的时间。与其他欧盟国家相同的是，法国也采用夏冬双时制，分别为夏令时和冬令时（即标准时）。夏令时于每年 3 月的最后一个周日开始，直到每年 11 月的最后一个周日冬令时的开始。夏令时期间，法国全国使用 UTC+2 的夏令时时间，即法国夏令时的时间比北京时间晚 6 小时，冬令时的时间比北京时间晚 7 小时。如北京时间是 12:00，法国夏令时时间为 6:00，冬令时时间为 5:00。

管家提示

根据国际惯例，入境游客在接受审查的时候，如果被拒绝入境，边境检查部门是不需要给出理由的。如果你在过境的时候受阻，可以向检查人员询问受阻理由，如果不会说法语可以要求海关方面提供中文翻译服务。如果觉得自己受到了不公正待遇，可以与中国驻法国使馆取得联系，请他们协助解决问题。

NO.3 从机场前往市区

过来人经验谈

Charles·女·某公司职员·多亲子游经验

巴黎戴高乐机场有3个航站楼（CDG1、CDG2、CDG3），但是CDG2中又包括A～G 6个大厅。戴高乐机场里面大得惊人，许多要转机的乘客经常会被机场里迷宫似的换乘通道和复杂的换乘方式（轨道列车、穿梭巴士）弄得晕头转向而耽搁了行程。所以在出发前一定要查清楚各个航站楼所停的主要航班，以免浪费过多时间。

行走山水间·男·某公司职员·极其热爱旅行

巴黎戴高乐机场虽然很大，但认真了解之后并不会迷失方向。机场内长长的通道上，每隔几米就可以看到一个设计简洁、色彩鲜明的标识牌，这些标识牌上会用不同大小的字体把信息列出来，只要仔细遵循标识牌上的信息，就一定不会走错方向，顺利到达相应的航站楼。同时，为了缓解乘客在各个航站楼之间奔波劳累，机场大厅的走廊内设置了自动平行步道，只需跨上步道，传送带就会自动向前行驶，非常方便。

叶刀和阳光·女·某公司职员·注重旅行质量

我们当时是在巴黎奥利机场降落，因为之前有了经验，所以我们选择了最快捷、最便宜的方式，直接搭乘前往地铁站的公交车，大约25分钟就到了，花了大概7欧元。

★ 乘车前往市区

从戴高乐国际机场前往市区

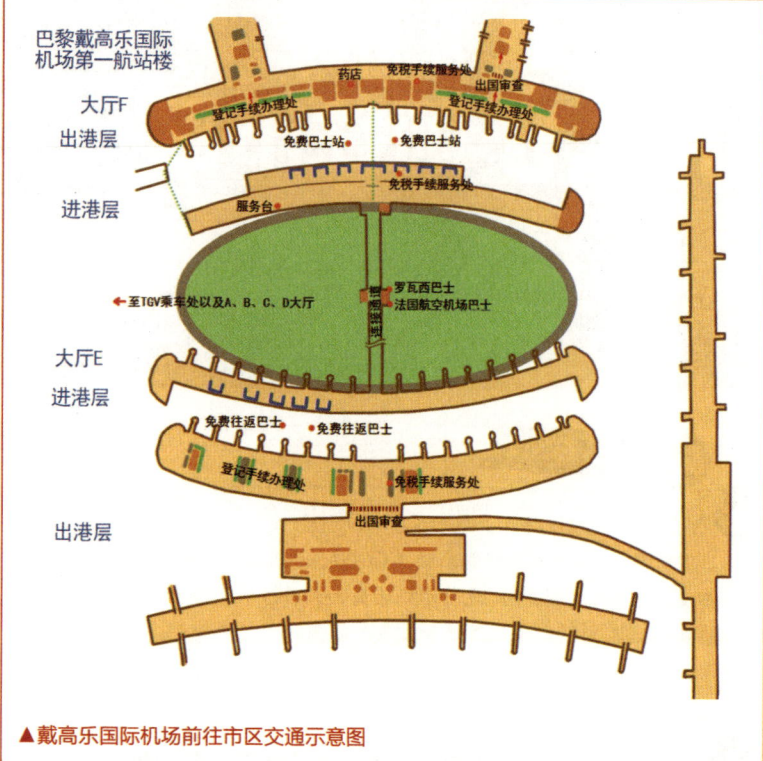

▲戴高乐国际机场前往市区交通示意图

从戴高乐国际机场搭乘机场大巴前往市区				
线路	乘车地点	乘车时间/发车时间	所需时间	票价
经由马约尔站前往凯旋门方向	CDG1 第 34 号出口、CDG2C 第 2 号出口、CDG2B 第 1 号出口、CDG2E 和 2F 回廊的第 3 号出口	6:00-23:00，每隔 20～30 分钟一班车	40 分钟左右	15 欧元
经由里昂站前往蒙巴纳斯站	CDG1 第 34 号出口、CDG2B 第 1 号出口、CDG2E 和 2F 回廊的第 3 号出口	6:00-22:00，每隔 30 分钟一班车	50 分钟左右	16.5 欧元

从戴高乐国际机场搭乘快速区域性火车 RER B 线前往市区				
线路	乘车地点	乘车时间/发车时间	所需时间	票价
RER B 线（可到达巴黎市内北站、夏特勒站及圣米歇尔站）	在 CDG1 出口乘坐免费的穿梭在机场内的 CD-GVAL 前往 RER B 车站。在 CDG2A～F 出口沿着机场内"去往巴黎方向列车"的指示牌前往	5:00-24:00，每隔 10～15 分钟一班车	30 分钟左右到达夏特勒站	8.7 欧元

从戴高乐国际机场搭乘公交车 RTAP 线前往市区				
线路	乘车地点	乘车时间/发车时间	所需时间	票价
公交车 RTAP 线（可到达巴黎歌剧院）	CDG1 第 32 号出口、CDG2C 和 2A 的第 9 号出口、CDG2B 和 2D 的第 11 号出口、CDG2E 和 2F 回廊的第 5 号出口	5:30-23:00，每隔 10～15 分钟一班车	45～60 分钟	9.4 欧元

从戴高乐国际机场搭乘出租车前往市区				
线路	乘车地点	乘车时间/发车时间	所需时间	票价
巴黎市内	CDG1 第 20 号出口、CDG2C 和 2A 的第 6 号出口、CDG2B 和 2D 的第 7 号出口、CDG2E 和 2F 回廊的第 1 号出口	—	45 分钟	不同时段费用不同，一般为 50 欧元，行李需要额外加钱

从奥利机场前往市区

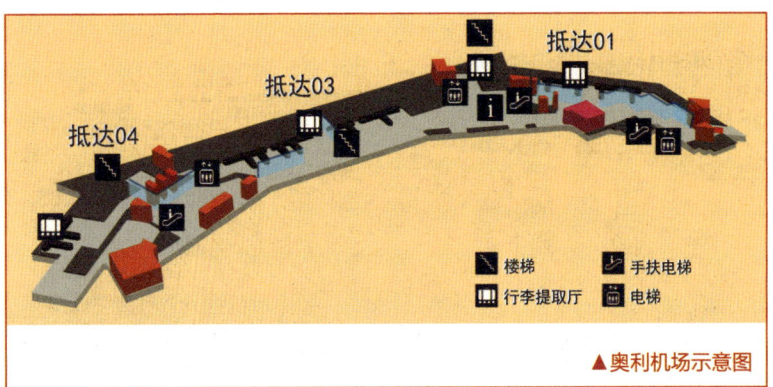

▲奥利机场示意图

从奥利机场搭乘机场大巴前往市区				
线路	乘车地点	乘车时间/发车时间	所需时间	票价
经由蒙巴纳斯站前往荣军院、凯旋门	南航站楼J出口、西航站楼D出口	6:00-23:40，每隔20分钟一班车	30分钟左右	11.5欧元

从奥利机场搭乘公交车前往市区				
线路	乘车地点	乘车时间/发车时间	所需时间	票价
285路	南航站楼G出口、西航站楼D出口	6:00-23:30，每隔15～20分钟一班车	30分钟左右	1.5欧元

从奥利机场搭乘RER B线前往市区				
线路	乘车地点	乘车时间/发车时间	所需时间	票价
经由安东尼车站前往巴黎	南航站楼L出口、西航站楼A出口	6:00-23:00，每隔8分钟一班车	30分钟左右	10.25欧元

从奥利机场搭乘机场摆渡车转乘 RER C 线前往市区

线路	乘车地点	乘车时间/发车时间	所需时间	票价
火车站	南航站楼 G 出口、西航站楼 H 出口	4:34 至次日 0:56,每隔 15~30 分钟一班车	35~50 分钟	6.3 欧元

★ 租车自驾前往市区

很多租车公司都在机场出口和到达大厅设有柜台,帮助乘客完成租车手续,之后到机场的停车场提车就可以开车离开。也有一些租车公司会把门市部设在机场附近,出海关后依据"Rental Car"的标识就能找到免费穿梭巴士站,基本上每家租车公司都有

穿梭巴士,可以送乘客到办理柜台。相对而言,Hertz 或 Avis 公司的巴士数量较多。

管家提示

如果选择租车自驾前往市区,那就一定要提前在租车公司官网上预订好车辆,并提供你所乘坐航班的航班号,方便租车公司提前把车放到你所降落的航站楼停车场。

NO.4 安全离境那些事

过来人经验谈

 Charles · 女 · 某公司职员 · 多亲子游经验

和入境比起来，办理离境手续要更简单一些。不过最好还是提前2个小时左右前往机场，这样时间上比较充裕，不会手忙脚乱。到机场之后，首先找到你所要搭乘航班的服务台，领取登机牌。领登机牌的时候，机场工作人员会把护照上的出境小卡撕掉，并告诉你登机口。一般在飞机起飞前30分钟开始登机。

★ 办理离境手续

法国的出境程序与入境差不多，但要注意的是，离境机票中已经包含了机场税，不用再次缴纳。去机场之前要确保所有离境时要用到的证件都已经准备好。到达机场后，首先要确认自己所在的位置是不是出境层，如果不是的话也不要着急，按照机场内的标志寻找即可。到达出境层后，首先确认你所搭乘的航班的具体信息，之后就可以到划位柜台排队等候办理登机手续，

同时向柜台工作人员索取贴在行李上的纸名牌。划位柜台的工作人员会问一些关于行李安全性的问题，只要如实回答就可以了。办理好手续后就可以进入登机区了，进入登机区后出示护照和登机证，接着就可以进入海关柜台了。

离境检查

★ 离境检查

海关工作人员会对你的护照、登记证进行检查，检查无误后，工作人员会在你的护照上盖上出境章，就可以搭乘飞机了。

管家提示

离境托运行李的时候，为了确保行李安全，每件行李上都要求贴上标明了乘客姓名、地址、电话等信息的纸名牌。另外，为了更加安全，还可以在箱子内部放置标有个人信息的纸名牌。

专题：
在法国如何乘公共交通工具

★ 在法国乘地铁

　　法国许多城市都设有地铁，如巴黎、里尔、里昂、马赛、图卢兹等，地铁也是这些城市最主要的交通工具之一。法国的地铁站大多与城际列车RER和火车SNCF（国铁）相连接，从而使得郊区和市区之间的交通越发便捷。法国地铁的运营时间为5:30-24:30，车票可以在地铁站售票处和自动售票机处购买。

乘地铁流程

1 找到地铁口

　　巴黎地铁站入口处一般是一个红色的牌子，牌子上有白色的"MÉTRO"字样，有些也写为"MÉTROPOLITAIN"，还有些地铁站的标志则仅用一个大写的字母"M"表示，所以你在找地铁站入口的时候一定要细心一些。地铁站入口旁一边会有一张市区的地图，你可以在地图上找到你要去的地方，确定你要乘坐的列车。

2 认准地铁线路

巴黎地铁图按照颜色区分，14条线路共有14种颜色，乘坐地铁前只要看清楚要乘坐路线的颜色，就不容易坐错车。

巴黎地铁线路颜色						
线路	1号线	2号线	3号线	4号线	5号线	6号线	7号线
颜色	①	②	③	④	⑤	⑥	⑦
线路	8号线	9号线	10号线	11号线	12号线	13号线	14号线
颜色	⑧	⑨	⑩	⑪	⑫	⑬	⑭

3 买票

地铁票可以在地铁站内的人工售票窗口购买，也可以在自动售票机上购买。巴黎的自动售票机上只接受1欧元、2欧元、10欧分、20欧分、50欧分面值的硬币，以及信用卡，找零只找硬币。为了方便，可以选择购买日票和周票，比普通车票优惠一些，也减少买票的麻烦。

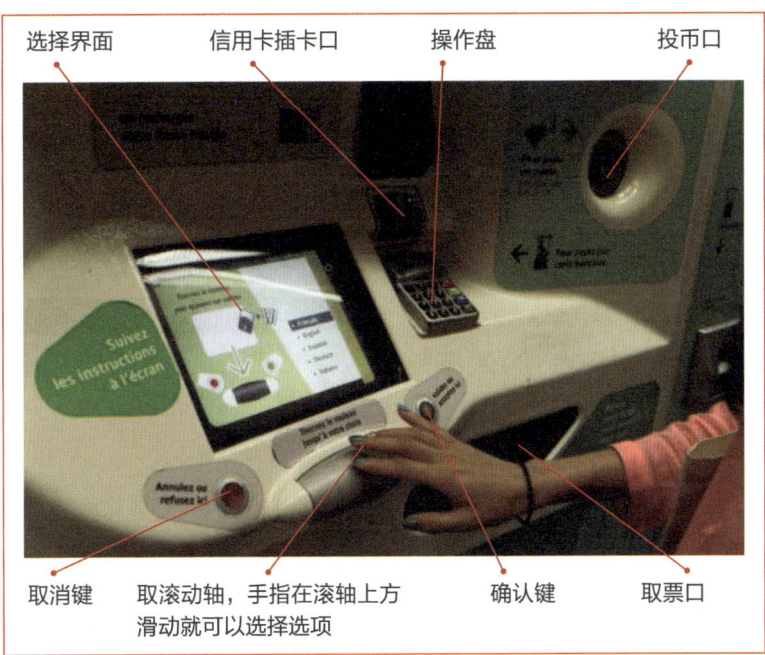

选择界面　　信用卡插卡口　　操作盘　　投币口

取消键　　取滚动轴，手指在滚轴上方滑动就可以选择选项　　确认键　　取票口

4 进站乘车

巴黎地铁和国内一样是自助检票。如果是单张车票，则需要将票放入检票机，检过的票会从闸门前端出来，取出车票就可以通过。如果是刷卡，则将卡贴在闸门感应处，响声后即可通过。如果你的车票有问题，闸门口会亮起红灯，这时应找售票窗口的工作人员询问原因，并解决问题，切不可以自己钻过闸门。

5 乘车

通过闸门后，就可以搭乘地铁了。上车后首先找位置坐下，如果车厢内没有空位，就到车厢的中部找个位置扶好。巴黎地铁每个车厢内都有线路图，找到你要下车的站点及相邻的站名，确认需要坐几站，以免坐错站。

6 出站

巴黎地铁除了少数几条线路时自动开门外，其余的线路都要在下车时按下按钮或者转动旋转把手，门才能打开。下车后，首先在站内站台上查看当前站的站名是否为你所要下车的车站，然后沿着车站内的出站标识往外走即可。巴黎地铁出站的时候也要检票，方法和进站时一致。

tips

巴黎地区共分成6个区域，每个区内的车票价格是相同的。来法国旅游的话，最好可以购买一些比较实惠的票券，如次票（Ticket t+）、日票(Mobilis)、周票(Navigo Decouverte) 等。

1 次票可在地铁与地铁之间任意转乘，直到出站为止，还可以乘坐某一区域内指定的快铁和公交车。公交车不可以往返搭乘。一张次票价格为1.7欧元，一次性购买10张只需13.3欧元。如果在巴黎市内玩3天，一次性买10张次票就够了。

2 日票就是在同一天内可以无限次乘坐指定区域的公共交通工具的一种票券，不同区域价格不同。日票不能延续到第二天，必须在当天使用，如你在当天10:00购买一张日票，当日23:59这张票就失效了。另外，日票在使用时需签名才能生效。

巴黎地铁日票区域价格	
区域	票价
2区	6.8欧元
3区	9.05欧元
4区	11.2欧元
5区	16.1欧元

3 周票是在同一周内可以无限次乘坐指定区域的公共交通

工具的一种票券,不同区域价格不同。和日票一样,周票也不能延续到下周,如果你是在周三购买的周票,同样只能使用到本周的周日凌晨。最划算的是从周一购买,这样就可以充分使用整个星期。购买周票的时候需要提供自己的照片,工作人员会给你一张周票卡,你可以在自动售票机上进行充值,该卡的有效期为10年,非常方便。

巴黎地铁周票区域价格	
区域	票价
2区	20.4 欧元
3区	26.4 欧元
4区	32 欧元
5区	34.4 欧元

★ 在法国乘公交车

在法国乘公交车流程

1. 公交车站候车	→	法国公交车线路四通八达,站牌上会标示站名、经过此站的公交车编号和行驶方向
↓		
2. 买票乘车	→	公交车上没有专门的售票员,在司机后方有专门的刷卡机。持Navigo卡,将卡放在感应器前感应即可;如果购买的是日票,出示给司机看即可;如果是联票或单程票,则需要将车票放入检票机;如果想要上车再买票,可以向司机购买,但只提供单程票
↓		
3. 乘车,仔细观察路线图	→	公交车车厢内有该车的线路地图,你可以仔细查看,了解公交车行驶信息
↓		
4. 下车	→	下车前需要按下按钮,司机座位右方的指示灯会亮,表示下一站停车。下车一律从中门或后门下车

★ 在法国乘出租车

法国的交通发达,各种交通工具遍布整个国家,如果急需到达目的地或是深夜搭车,可以选择搭乘出租车。要注意的是,法国的出租车和国内不同,不是看到空车招手就停,而是需要到相对应的站点乘坐。一般站点上会有标有"TAXI"的牌子,在那里等车即可。法国的出租车车型有很多,除了普通的轿车外,还有 MPV、SUV、旅行车等车型;不管是大众、标志这种普通牌子车,还是奔驰、宝马等高档品牌的车,都是法国出租车之列。在法国,不同城市出租车乘车的价格也不同,以巴黎为例,巴黎的出租车起步价为 2.4 欧元,最低消费为 6 欧元,超出 3 人搭乘或携带特殊行李要额外收费。根据行驶时段、地区不同,分为 A、B、C 三种资费:A 为白灯,表示在市区行驶;B 为红灯,表示在郊区行驶;C 为蓝灯,表示是夜间行车。

tips

如果不愿意长时间在站点等出租车,可以打电话叫车。巴黎地区统一叫车电话为 01-45303030;戛纳地区统一叫车电话为 04-97066029。法国出租车和国内一样按里程收费,但假如是叫车的话,车辆前往搭载你的地点的费用也会计算在内。

埃菲尔铁塔前的出租车站

Part 3
国内预订，看这些就够

NO.1 门票预订

过来人经验谈

Charles·女·某公司职员 多亲子游经验

法国的许多知名景点都有中文网站,在国内就能预订到门票,非常方便。更重要的是,在网上预订门票可以节省不少的费用。另外,法国各个地区的城市通票也是你不可错过的省钱利器,景点、交通都有折扣,许多餐厅也都有优惠。

Miss_Ho 同学·女·学生·喜欢一个人去旅行

行前就了解到购买巴黎博物馆通票可以逛大部分巴黎的景点,于是我们就买了两张。去凡尔赛宫的时候,使用通票虽然也需要排队,但是比普通购票的队伍要短很多,安检效率也比较高。还有一些景点,使用通票是不用排队的,非常方便。

★ 尽享优惠套票和优惠卡

畅游法国的优惠套票和优惠卡推荐		
名称	简介	参考价格
巴黎博物馆通票(Paris Museum Pass)	巴黎市区及周边60多个博物馆和古迹,包括凯旋门、枫丹白露城堡、罗浮宫、奥赛美术馆、圣母院钟楼、军事博物馆、凡尔赛宫等	通票分为2日通票、4日通票、6日通票,价格分别为42欧元、56欧元、69欧元

续表

名称	简介	参考价格
巴黎观光通票（Paris Visite Pass）	该通票分为巴黎1～3日通票和巴黎1～5日通票，可以在有效期内无限次搭乘大众交通工具，包括捷运、地铁、公交车、水上巴士等。部分景点有折扣；1～3日通票景点包括凯旋门、议会宫等；1～5日通票景点包括迪士尼乐园、凡尔赛宫等	通票分为1日通票、2日通票、3日通票、5日通票，1～3日通票价格分别为10.85欧元、17.65欧元、24.10欧元、34.70欧元；1～5日通票价格分别为22.85欧元、34.70欧元、48.65欧元、59.50欧元
罗浮宫参观通票（Louvre Tickets Pass）	该通票包括罗浮宫常规展厅、拿破仑厅内的临时展厅、德拉科瓦罗博物馆	16欧元
里昂城市通票（Lyon City Pass）	无限次乘坐市内交通工具，包括有轨电车、巴士、地铁、经典游船，免费参观里昂市内及周边20多座博物馆，免费观看里昂特色文化音乐会、木偶剧等，并有当地导游随行讲解	29欧元
马赛城市通票（Marseille City Pass）	免费乘坐马赛市内交通工具，免费参观马赛市内15座著名博物馆，坐船游伊夫城堡，乘坐旅游火车到加尔德圣母大教堂等	24小时通票：成人24.3欧元，儿童（7～15岁）16.2欧元；48小时通票：成人29.7欧元，儿童（7～15岁）20.25欧元

★ **图解门票预订流程**

　　法国是一个热门的旅游国家，有非常多的热门景点，建议在去之前提前订票或是买票，免去排队等候的麻烦，而且法国许多热门景点如果不提前预订是买不到门票的。

法国热门景点门票预订信息	
名称	网址
巴黎圣母院	www.notredamedeparis.fr
罗浮宫	www.louvre.fr
埃菲尔铁塔	www.eiffel-tower.com

续表

名称	网址
凡尔赛宫	zh.chateauversailles.fr
凯旋门	arc-de-triomphe.monuments-nationaux.fr
迪士尼乐园	www.disneylandparis.com

埃菲尔铁塔门票预订流程

❶ 登录埃菲尔铁塔官网,首先选择语言

官网内原始设置为法语,你可以选择英语

❷ 选择你要购买的门票的种类、游玩日期,以及游玩人数

可进入铁塔,并到达塔顶

可进入铁塔,并到达铁塔2层

点击下拉框,选择游玩日期

成年人,17欧元

点击下拉框,选择人数

12~14岁儿童,14.5欧元

4~11岁儿童,10欧元

4岁以下儿童免费

残疾人,10欧元

③ 确认信息后,选择可行的游玩时间

在可行的时间内选择,点击即可

④ 确认购票信息,输入验证码,确认支付

⑤ 填写个人相关信息

手机号码、设置密码并确认密码、国籍、邮箱,并填写姓名

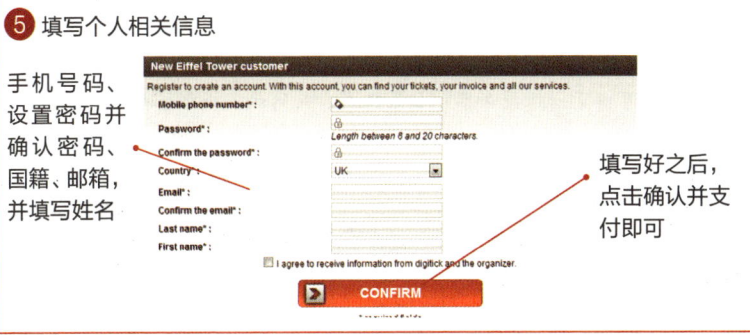

填写好之后,点击确认并支付即可

管家提示

　　预订门票的时候,可以尽量选择一些城市通票,这些通票中一般会包含交通等费用,使用起来非常方便。

NO.2 火车票预订

过来人经验谈

 **Miss_Ho 同学 · 女 · 学生 · 喜欢一个人去旅行**

　　法国火车站的公共设施都非常齐全,不仅有咨询窗口、售票处、订票窗口,还有商店、快餐店等。要注意的是,火车站内的厕所一般都收费,最好准备0.4～0.5欧元的零钱,以备不时之需。

 叶刀和阳光 · 女 · 某公司职员 · 注重旅行质量

　　去法国旅游,如果不是自驾的话,火车是最常使用的交通工具了。搭乘火车几乎可以到达法国的每一个角落,有些线路还可以到达周边国家。火车有快慢之分,不同类型的列车票价也是不同的。如果你想仔细欣赏沿途的风景,那么就可以买一张慢车票;如果想要快点到达下一个旅行城市,则可以购买快车票。

★ **获取购票搭乘火车的技能**

Step1: 车站或网上购票

车站购票

法国的火车站几乎都有自动售票机，购票非常方便，若对自动售票机使用方法不熟悉，可以到火车站的人工售票处买票。如果对法文不熟悉，可以到车站的咨询中心处咨询，问清楚买票的流程，以免浪费时间。不过要注意的是，一般法国的自动售票机只出售当地及周边城镇的火车票，只有标示了长途线（Grandes Lignes）的售票机才会出售其他地区的火车票

网上购票

可随时随地打印电子车票，或只需向乘务员出示智能手机/平板电脑屏幕上的电子车票

Step2: 进站检票

取票

法国乘坐火车不需要过安检，也没有候车室、检票关卡等。到了车站先取票，选择参考号+姓名的方式，这些信息在购票邮件中都会标明，也可以提前把返程的票取出来

检票上车

注意广播和电子显示屏的提示，车到了开始检票，站台和候车厅都有黄色的检票机，把车票条形码一端插进去，就会喷印车站信息和日期。如果不检票就上车会被罚款，发车前15分钟取票或买票不用检票

Step3: 乘车

法国火车车厢比较宽敞，座位也非常舒服，车上甚至有放置自行车的地方。上车后进入座位区域需通过一个屏蔽门，旋转一下把手，两扇门向两边移动打开，通过后自动关闭。关闭时不像电梯门触碰后可以自动退回，所以一定不要在门中停留

Step4: 不要坐过站

每到一站都要留意一下当前站名，法国的站牌都比较小，稍不留心就会坐过站。到站前要提前走到车门准备下车，下车时要按一下车门上的开关开门。

下车后，车站内不查票，沿着Sortie（出口）的标志走就可以了。如果要搭乘坐地铁前往市区，按照地铁线路的指示走就可以了

Step5：到站下车

▲搭乘法国火车流程

tips

1 法国火车每到比较大型的车站都会有工作人员检票，扫一下票上的条形码查看车票的有效性，没有检票的话会被视为车票无效，并需缴纳罚款。

2 如果买的是联票，需要先回到大厅查看第二程车次信息，然后到站台乘车，不用二次检票。如果没有买票，大厅有人工卖票柜台，需要在黄色打票机上检票。

★ 畅行法国的火车线路

在法国，火车可以说是最常用、最便捷的交通工具，如果不是自驾游法国的话，选择火车一定是最好的方法。下面介绍一些法国比较知名的火车线路。

畅游法国的火车线路		
线路	介绍	畅游指数
巴黎戴高乐机场—里昂	在戴高乐机场搭乘火车前往里昂，全程460千米，只需2个小时即可到达里昂LyonPartDieu火车站。一路上你可以看着列车外的风景从繁华渐渐变得内敛、含蓄。下车后，就可以进入里昂的老城区。在这里，可以品尝顶级美食，搭乘游船漫游松恩河，参观各类艺术博物馆，在浓郁的文化气息中度过一天。巴黎至里昂沿途有许多让人难以忘怀的美景，都可以通过这条线路来体验	★★★★★
尼斯—图卢兹	从尼斯上火车，很快就能欣赏到另一种景色，从高贵慵懒的尼斯一下穿越到空中客车基地图卢兹，这种转变却没有给人一种不舒服的感觉，反而让人觉得很安逸、美丽。如果你是下午搭乘这条线路，还可以看到百年古桥、河边金色的日落，以及怡然自得的居民，内心不知不觉地安静下来	★★★★☆
图卢兹—巴黎	这条线路上运营的是最新投入使用的绚丽列车，整个列车涂上鲜艳多彩的颜色，米黄色的航空座椅显得非常高贵奢华，车厢内铺满了柔软的地毯，列车内还有咖啡厅、家庭小包厢、商务小套房及儿童活动区等。更贴心的是，火车上还有为自行车旅游者提供自行车存放区。这条线路会给你一种从内敛到外放的感觉，图卢兹的沉静和巴黎的繁华形成鲜明的对比，可以感受古典与现代之美的碰撞	★★★★★

续表

线路	介绍	畅游指数
黄色旅游观光列车	这段线路从孔夫朗自由城（Villefranche-de-Conflent）出发，一直到达西法边境的拉图德卡罗（Latour-de-Carol），全长63千米，耗时约三小时。这趟火车已经开通了100多年之久，采用的是可爱的黄色小火车，也是比利牛斯山脉非常知名的景观小火车。火车的车窗是可以打开的，非常方便游客拍照。如果不怕寒冷，可以站在车门前，尽情地欣赏美丽的雪景	★★★★☆
比利牛斯—大西洋列车	这条线路从一个滑雪场出发，全程大约10千米，历经1小时，可以到达位于法国和西班牙边境法布尔格湖上的水坝。这个水坝高约2000米，因而这辆列车也是欧洲行驶海拔最高的列车之一。这辆列车的车厢涂上浅绿色、粉色或黄色，火车本身就是一种值得观赏的美景。登上这辆列车，游客们在行程中可将沿途的法国山脉和西比利牛斯国家森林公园的风光一览无余	★★★★☆
拉鲁内山木质火车	拉鲁内山（La Rhune）是巴斯克最知名的山脉，最高峰位于 Sare 村的西面。游客可以乘坐古老的木质火车，到达海拔905米的山顶，享用美味的咖啡，沿途还可以眺望西班牙、法国和大西洋。这条线路建于1924年，全程大约35分钟，山上布满新石器时代遗留的巨石遗址，在登山途中还可看到牧人放牧的场景	★★★★☆

★ 图解法铁预订流程

以法国铁路公司（en.voyages-sncf.com/en/?redirect=yes）为例讲解一下法国火车票的预订流程。

① 登录法国铁路公司官网，在右上角有语言选项，选"英文"即可切换到英文页面

• 选择英语

❷ 填写列车信息。填写出发地、目的地、出发时间、票的种类等信息，点"查找列车"

- 出发城市
- 抵达城市
- 出发日期、时间
- 返回日期、时间

❸ 查询所需班次列车，PREM'S 的车票价格最低、但不可退不可签

❹ 点蓝色按钮，提交

❺ 取票方式：默认勾选电子票，可自己打印

⑥ 输入乘客信息：性别、姓名、出生日期

乘客性别、姓名、出生日期

⑦ 点蓝色按钮确认

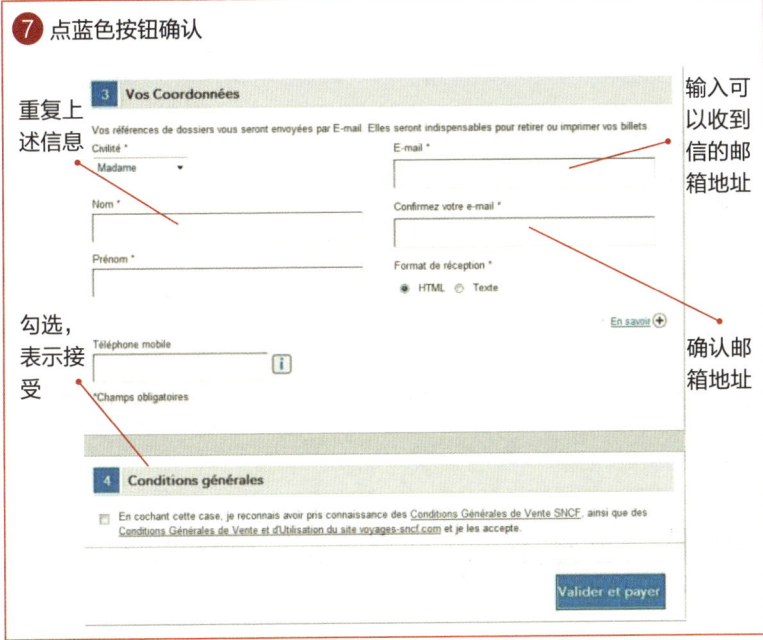

重复上述信息

输入可以收到信的邮箱地址

确认邮箱地址

勾选，表示接受

⑧ 支付即可，可以使用信用卡及全球通用的芯片卡

管家提示

法国火车票可以提前3个月预订，如果提前购买的话，会有很大的折扣。如果在法国本地购买车票，可以在各个城市的火车站或是法铁的营业处购买。购买的时候，需要将目的地、出发日期、时间及人数写在纸上，交给售票员就可以领取到车票了。要注意的是，比较大的车站会分国内、国外售票窗口，一定要看清楚，才能少浪费时间。

NO.3 机票预订

过来人经验谈

**我没钱可我想旅行·女·旅游撰稿人·想要走遍全世界的文艺女青年**

从中国直飞法国需要大约 *10 个小时*，长途飞行非常辛苦，一般廉价航空的机票虽然便宜，但是机舱环境可能不是那么舒服，所以最好还是选择一些大型的航空公司的航班。

★ **常用的热门机票预订网**

去法国旅行，除了乘坐法国航空（Alitalia）的航班外，还有一些便宜的廉价航空公司可供选择，如 XL Airways、Easyjet 等。

法国常用的热门机票预订网		
名称	网址	特色
XL Airways	www.xl.com	法国廉价航空休闲航空公司，票价比较便宜，每周至少有四班航班
Germanwings	www.germanwings.com	空中服务较好，航班数量较多，每周四有打折机票出售
Thomsonfly	www.thomsonfly.com	主要飞往德国、意大利、巴黎的航班，票价 15 欧元起
Easyjet	www.easyjet.com	欧洲最大的廉价航空公司之一，价格一般 20 欧元起，飞的都是国内主要机场

★ 图解法国境内机票预订流程

网站机票预订流程

1 以法国 HOP! 航空为例,登录其官网 www.hop.com,选择英语,在 BOOK A FLIGHT(订票)一栏中填写出发地和目的地及往返日期等信息

选择英语

购票

往返、单程

出发地

目的地

乘客类型及人数

确认搜索

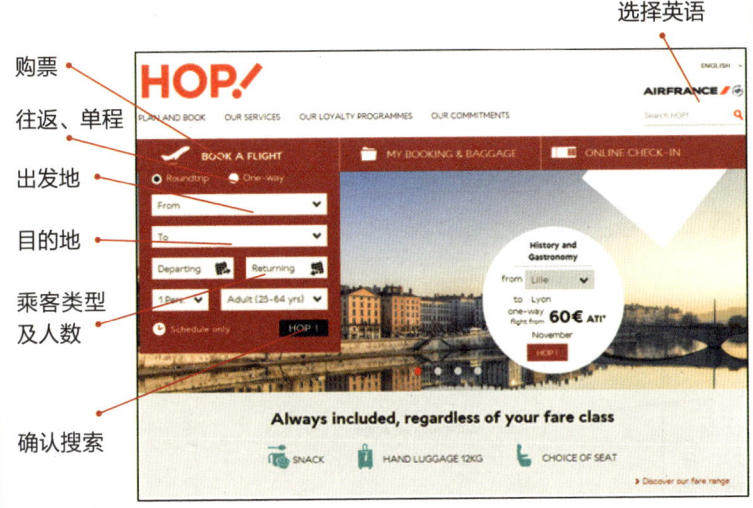

2 HOP!网会自动显示出发日近三天内的最优价格的机票供乘客选择,如果时间充裕,可选择相邻日期内更优惠的航班。下面以从里昂到巴黎的往返机票为例,点击 HOP!进去后续操作

选择日期　　　　　订票步骤

往返地、往返日期及乘客数量

出发及抵达地

出发日近三天机票价格

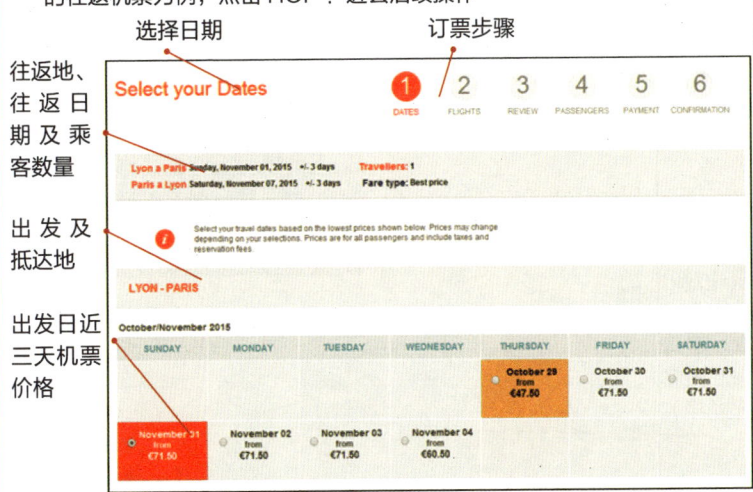

境内预订,看这些就够

121

出发及抵达地

返程日近三天机票价格

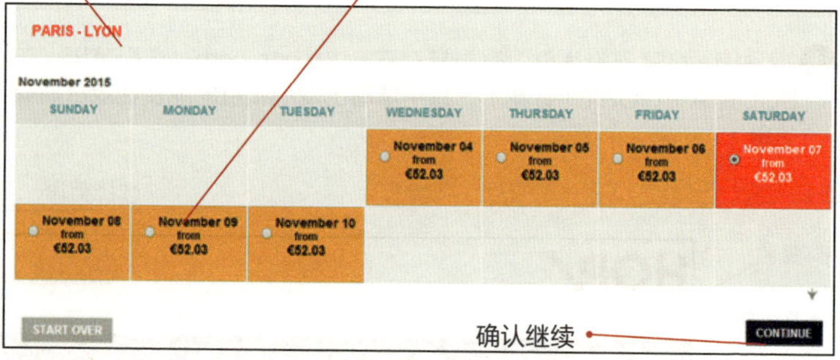

PARIS - LYON
November 2015
SUNDAY
MONDAY
TUESDAY
WEDNESDAY
THURSDAY
FRIDAY
SATURDAY
November 04 from €52.03
November 05 from €52.03
November 06 from €52.03
November 07 from €52.03
November 08 from €52.03
November 09 from €52.03
November 10 from €52.03
START OVER
CONTINUE

确认继续

❸ 确认往返日期后，点 CONTINUE，进入下一步，选择航班

选择航班

重新选择

往返地、往返日期及乘客数量

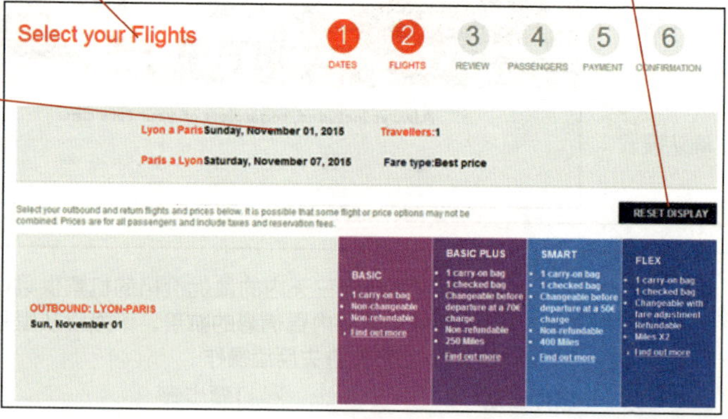

Select your Flights
1 DATES
2 FLIGHTS
3 REVIEW
4 PASSENGERS
5 PAYMENT
6 CONFIRMATION
Lyon a Paris Sunday, November 01, 2015
Travellers:1
Paris a Lyon Saturday, November 07, 2015
Fare type:Best price
RESET DISPLAY
OUTBOUND: LYON-PARIS
Sun, November 01
BASIC
BASIC PLUS
SMART
FLEX

出发及抵达地、出发日期

航班信息（出发和抵达时间、不同舱位对应的价格）

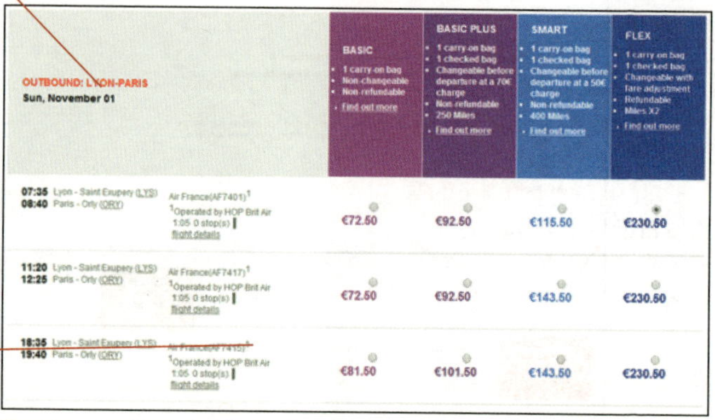

OUTBOUND: LYON-PARIS
Sun, November 01
BASIC
BASIC PLUS
SMART
FLEX
07:35
08:40
€72.50
€92.50
€115.50
€230.50
11:20
12:25
€72.50
€92.50
€143.50
€230.50
18:35
19:40
€81.50
€101.50
€143.50
€230.50

出发及抵达地、出发日期

航班信息（出发和抵达时间、不同舱位对应的价格）

选择往返价格及确认继续

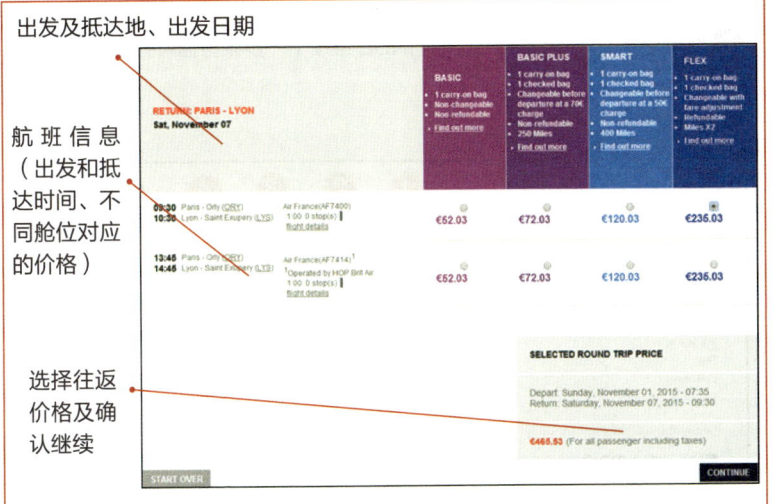

④ 选择航班之后点击 CONTINUE 继续，进入下一步骤，对购票信息进行回顾

Review

信息回顾

航班信息（往返地、日期、航班时间、舱位等）

往返机票价格

确认继续

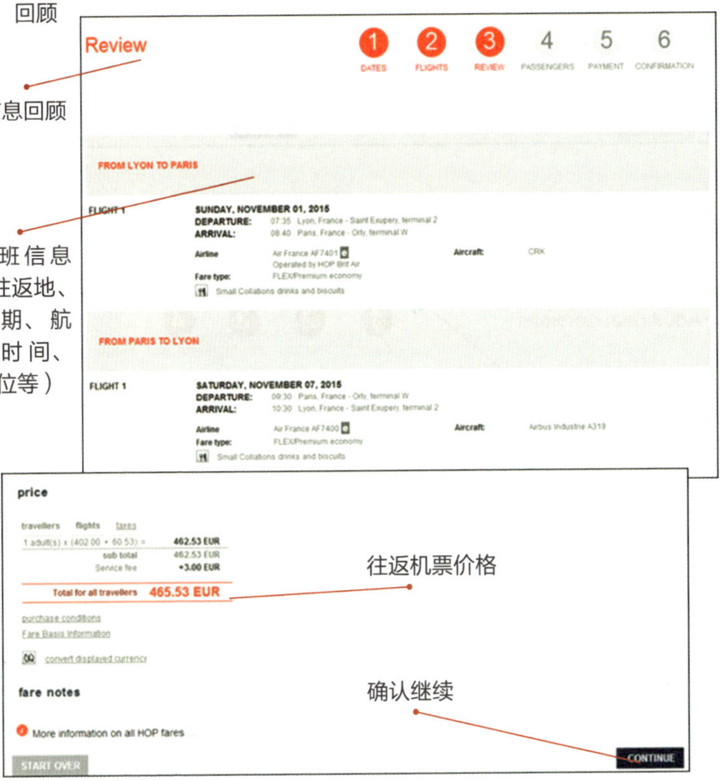

❺ 航班信息回顾后，点击 CONTINUE 继续下一步乘客信息的添加

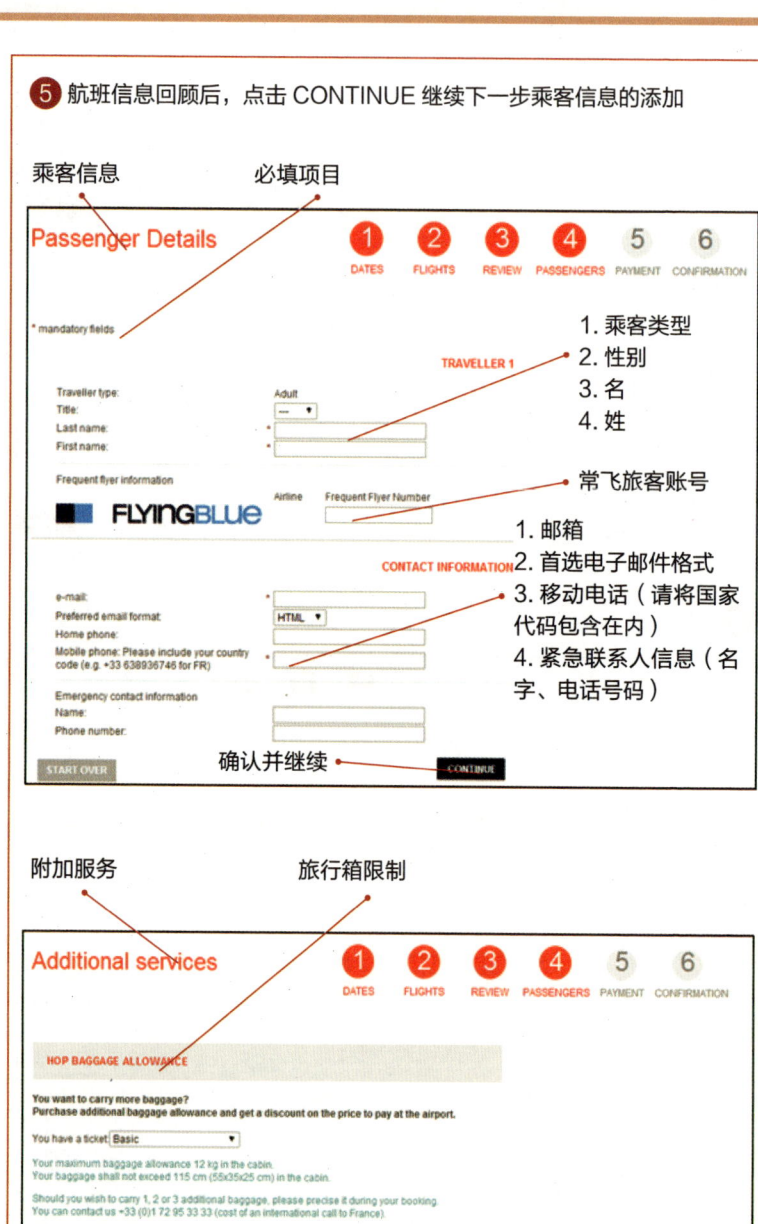

增加更多选项

增加行旅箱的价格

额外服务的总价及确认继续

航班信息

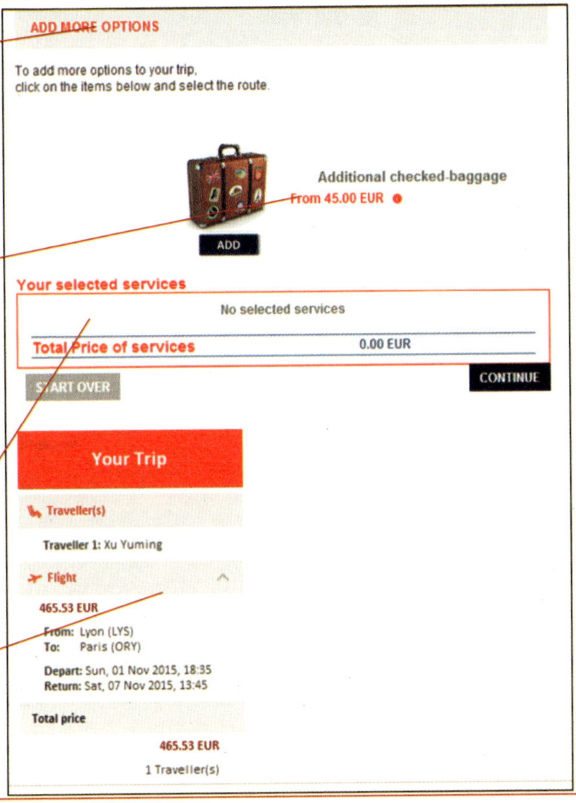

⑥ 添加完乘客信息后，点击 CONTINUE 进入下一步支付操作

支付

支付信息

票价总额

航班及乘客信息

信用卡信息
1. 支付方式
2. 信用卡卡号
3. 截止日期
4. 持卡人名字
5. 卡昵称

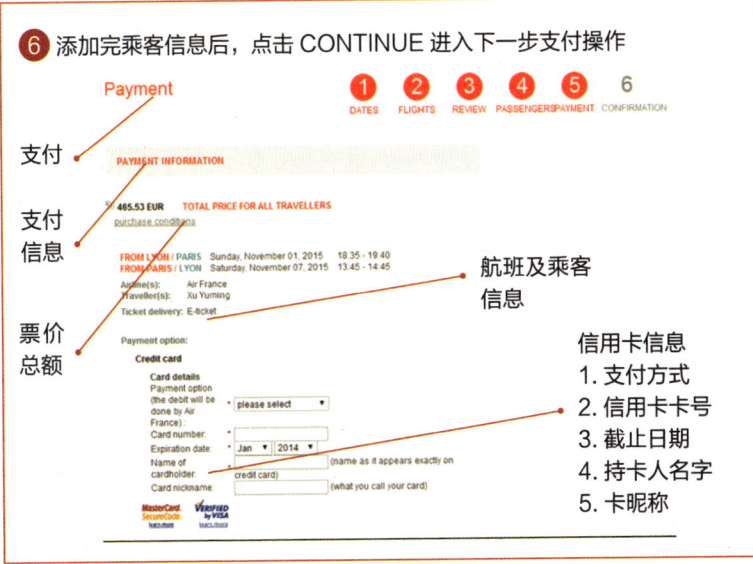

票价明细

FARE NOTES

FLEX	
FARE CONDITIONS	
Change your flight before using the outbound portion of your ticket	Yes + fare adjustment
Change your return flight before using the return portion of your ticket	Yes + fare adjustment
Change your ticket after departure of the outbound flight	Yes + fare adjustment
Refund before departure of the outbound flight	✔
Refund after departure of the outbound flight	✔
SERVICES AND OPTIONS	
Number of 12 kg carry-on bags (55cm X 35cm X 25cm)	1
Number of 23 kg checked bags (no more than 158 cm)	1
Miles credit	France 1000 included Europe 1400 included
EXTRA BAGGAGE	
First 23 kg bag	Lowest Internet charge : 45€ each way At the airport: 70€ each way
Second 23 kg bag	Lowest Internet charge: 45€ each way At the airport: 70€ each way
Third 23 kg bag	Lowest Internet charge: 45€ each way At the airport: 70€ each way

 Included in the fare
✖ Not included in the fare

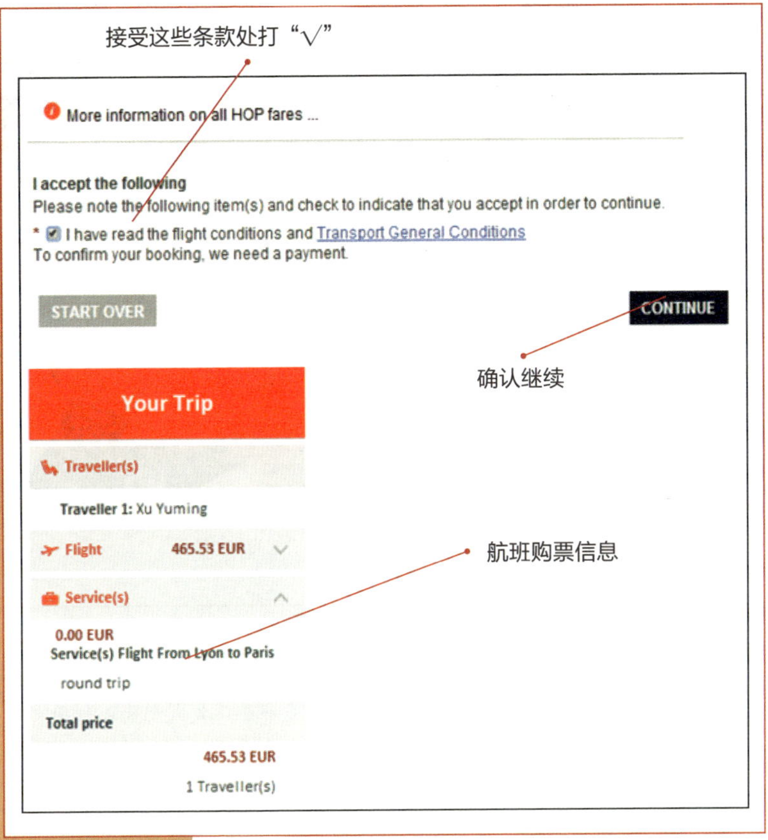

接受这些条款处打 "√"

> More information on all HOP fares ...

I accept the following
Please note the following item(s) and check to indicate that you accept in order to continue.
* ☑ I have read the flight conditions and Transport General Conditions
To confirm your booking, we need a payment.

START OVER CONTINUE

确认继续

Your Trip

Traveller(s)
Traveller 1: Xu Yuming

Flight 465.53 EUR

航班购票信息

Service(s)
0.00 EUR
Service(s) Flight From Lyon to Paris
round trip

Total price
465.53 EUR
1 Traveller(s)

❼ 填写支付信息后，确认继续，进入最后一步。最后一步 CONFIRM-ATION 中再次确认航班信息、乘客信息、机票总价及支付信息。最后确认支付即可

管家提示

　　网上订票会收取手续费，最低廉和特价的机票不能退票，所以在订票时一定要看清楚，以免之后修改带来麻烦。

NO.4 旅行团预订

 过来人经验谈

 Miss_Ho 同学·女·学生·喜欢一个人去旅行

第一次去法国的时候,是家里人一起报团前往的,省了不少事儿,比如机票、住宿、吃饭都不用自己费心。我们报的是一个比较大型的旅行团,吃住都非常不错,每到一个城市都有地接导游,负责景点的介绍讲解,让我们充分地了解了当地的风土人情,一家人都非常开心。

★ 在法国怎样报团

到达当地酒店后,酒店大堂内就可以看到各种旅游信息的小册子,上面会有当地旅行社的详细介绍;同时也可在大堂柜台处让酒店的服务人员推荐一些当地知名的旅行团或帮助你电话预订。此外,大多数旅行团都提供网上报名服务,可通过网络提前预订。

★ 法国知名地接社

法国当地有众多旅行社可供选择,你可根据你的个人需求,寻找适合自己且性价比较高的专业旅行社。

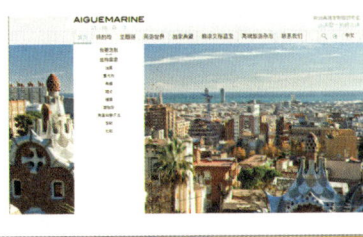

法国知名地接社推荐

名称	特色	电话	网址
巴黎长颈鹿	提供精品小团定制旅行，散客拼团游，家庭包团，包车服务	0033638999900（法国境内）、4000296383（中国境内）	www.paris-girafe.com
艾格蓝宝	提供欧洲高端旅游和奢侈品信息	0033173772009（法国境内）、075522918506（中国境内）	www.aiguemarine-paris.com
法中之家	提供一对一服务，为你定制符合个人的旅行	0033153633912（法国境内）、8665226711（中国境内）	www.fazhongzhijia.com

★ 跟团游经典线路

跟团游经典线路	
名称	线路
一日游	巴黎市区一日游
	鲁昂古城一日游
	普罗旺斯风情一日游
三日游	尼斯—格拉斯—艾克斯
四天三夜	巴黎—里尔—布鲁塞尔
七日风情游	巴黎—阿维尼翁—戛纳—尼斯
八日舒适游	巴黎—阿尔勒—马赛—尼斯

管家提示

跟团游的时候，一定要把价格中具体包含的项目问清楚，同时了解一下导游和司机的消费问题。有些旅行团会把团费设置许多必须消费的项目，遇到这样的旅行团，最好不要选择。另外，签订协议时，一定要看清楚所有的条款，有问题的地方一定要问清楚，许多口头的承诺是不具备法律效力的。

Part 4
吃货教你吃"法"餐

NO.1 法国有什么好吃的

过来人经验谈

  我没钱可我想旅行·女·旅游撰稿人·想要走遍全世界的文艺女青年

法国菜可以说是世界顶级菜系之一，这也是大家所公认的。每道法国菜的口感都很细腻柔滑，所选的酱料也是比较美味的，单从餐具的摆放来看，我觉得法国菜就是一种艺术。当然，鹅肝酱或是鸭肝酱在整个法国是最负盛名的了，我在阿维尼翁的时候就奢侈过一回，将鹅肝酱涂在烤好了的面包上，或是做成调料将其涂在肉的表面，吃起来味道和口感真是一绝。

 叶刀和阳光·女·某公司职员·注重旅行质量

马赛最出名的菜就是普罗旺斯鱼汤，把海鱼、虾等食材放在一起煮，熬成汤，这个菜以前是渔民出海打鱼回来后暖身子的平民汤菜，如今已成为上等佳肴了。在马赛的餐厅里，除了美味的普罗旺斯鱼汤，还可以吃到白酒煨羊蹄、羊肚卷、炖菜等美食。L'Epuisett是我吃过的马赛餐厅里最好的一家。这是一家田园式风格的餐厅，装潢精致，最拿手的菜是海鲜，新鲜的蛤蜊滴上几滴柠檬汁，味道非常好。此外餐厅服务也非常周到，让你觉得在这家餐厅吃饭是种莫大的享受。

Milu_miluuu · 女 · 学生 · 爱时尚爱旅行

大概没有哪个女生会放过香榭丽舍大道上的"Ladurée"吧。这家久负盛名的百年甜品老店家正是双层马卡龙的真正创作者。饼皮脆薄，清香的内馅甜而不腻，一口下肚真是相当尊贵的体验。粉嫩的色系，绝对赏心悦目，唤起你浓浓的少女情怀。

★ 平常都爱吃这些

面包

面包（le pain）之于法国人就如米饭之于中国人，每餐必不可少。早餐时涂上黄油或果酱，午餐时做成三明治，晚餐时用来揩净菜盘子里剩下的调味汁，放上干酪一起吃。法国的面包种类很多，如法式长棍（Baguette）、法式羊角（Croissant）、小茅屋面包（Brioche）和鲜奶油吐司面包（Painen Moule）等。

乳酪

法国人的餐桌上绝对少不了乳酪。法国人尤其喜欢乳酪（les fromages），很多人都说，一方上好的农庄乳酪，再搭配一杯葡萄佳酿及一块刚出炉的面包，便是人间至高无上的享受。法国的乳酪有300～400种，代表性的乳酪有卡比可干酪、卡门烘干酪、蓬莱韦克奶酪、洛克福酪等。

葡萄酒

法国葡萄酒（le vin）文化历史悠久、底蕴深厚，它已渗透进法国人的骨髓，成为法国人生活中不可分割的一部分。法国的葡萄酒产区几乎遍及全国，其中最知名的法国葡萄酒产区主要有波尔多、勃艮第和香槟区。

法式汤

法餐中第一道菜一般是法式汤（la soupe）。汤分为清淡的蔬菜汤和鲜美的海鲜汤，如酥皮周打鱼汤、奶油洋葱、是日餐汤等。喜爱法餐的食客中不乏有冲着颇为有名的法式洋葱汤而来的，把酥皮浸在奶酪中，奶香和洋葱的香甜交织在一起，十分美味。

肉类

法国南方和西方沿海多水产，北方和东方则更倾向于肉类，总体来说，法国人不太喜欢食素食。法国的肉类食物品种繁多，最著名的当属蜗牛，还有猪肉、鸡肉、牛肉、鹅肝等。肉类的做法大多为炖、烤及煎，浇上独家秘制的汤汁，味道鲜美、细腻、考究，令人回味无穷。

海鲜

海鲜中最知名的是生蚝，被誉为是"海中的牛奶"，另外还有海蟹、龙虾、螯虾，以及各种海贝；鱼类则主要为海鱼，最常见的有狼鱼、鳎鱼、海鲂、大菱鲆，以及很多国内不常见的鱼类，大马哈鱼则深受大家的欢迎。

甜点

法国人还喜欢喝杯浓咖啡，吃甜点（les desserts）。法式甜品是世界范围内公认的美味，清香、软滑的甜品，做工精细、考究，味道富有层次，口感细腻，使整个就餐的尾声完善而回味无穷。如马卡龙（Macaron）、玛德琳（Madeleines）和舒芙蕾（Souffle）等都是法国甜点中的经典。

★ 地方特色美食

鹅肝

没尝过鹅肝，不能算是真正吃过法国菜。在品尝煎鹅肝的时候，最适合搭配甜酒煮成的酱汁，或加入无花果干一起煎，此时，鹅肝的香味便能和无花果的风味完美融合，吃起来别有一番滋味。

鱼子酱

鱼子酱是法国人最奢侈的美味之一，鱼子酱其实就是盐渍的鲟鱼鱼卵。上好的鱼子酱颗粒饱满圆滑，色泽清透，有些还微微泛着金黄的光泽，无论是和冷盘、美酒还是和糕点等搭配，都会是一道绝妙的菜品。

松露

松露又名"黑菌"，是一种生长在地下的蕈类，在法国有"黑钻石"的美誉。松露的气味比较特殊，含有丰富的蛋白质、氨基酸等营养物质，但产量稀少，因而价格比较昂贵。松露搭配波尔多酒一起食用，那种美味让人难以忘怀。此外，把松露切成薄片，加在肉里一同烤制，也是非常美味的一种烹制方法。

焗蜗牛

焗蜗牛是法国非常著名的菜肴之一，一般会用来作头盘菜。法国人可以将蜗牛做出几十种吃法，最为经典的吃法就是用蘑菇、香草和蜗牛混合烹制，装在指定的器皿里。吃的时候，一只手用钳子夹住蜗牛，另一手用叉子将蜗牛肉从壳里挑出，蘸上调味汁或辣椒酱就可以食用，味道鲜美无比。

马赛鱼汤

正宗的马赛鱼汤至少要用6种不同的鱼，是一道做工考究的昂贵的菜。先用最好的橄榄油炒香洋葱、西红柿、大蒜、茴香，再加入百里香、意大利香菜及月桂叶，并以干橙皮调味，以番红花增色，最后才加入鱼肉做成鱼汤。

葡萄酒炖肉

比较传统常见的是红酒炖牛肉。这道菜的特色是烹煮之前，肉都会先跟葡萄酒腌制过夜，然后再配以胡萝卜、蒜、黑橄榄、普罗旺斯香草等一起炖煮，夹杂在一起的美味让人直呼不可思议。

尼斯沙拉

尼斯沙拉采用当季蔬菜如蚕豆、番茄、洋葱、蚕豆、黄瓜等，配以白煮蛋、大蒜、黑橄榄、鱼类等，并浇上橄榄油和切碎的罗勒等香菜，非常美味。

 管家提示

在法国，去正式餐厅、家常菜小馆这些类型的餐厅用餐，即使知道没有多少顾客也最好提前预订。这既是对厨师的礼貌，也是为了享受更周到的服务。特别是想点这家店的名菜或制作费时的菜，提前打个招呼让厨师有充足的准备时间总是没错的。

NO.2 找餐馆有技巧

过来人经验谈

 行走山水间·男·某公司职员·极其热爱旅行

银塔餐厅在巴黎可谓家喻户晓,生意异常火爆,每逢就餐时段总是大排长龙,最好提前预订。餐厅墙上随处可见伊丽莎白·泰勒、玛丽莲·梦露、卓别林、丘吉尔、肯尼迪等名人的照片,由此可见餐厅名气之大。该店的鸭肉美食好吃得让人想把舌头吞下去,"血鸭"真乃一绝。

 叶刀和阳光·女·某公司职员·注重旅行质量

L'Ambroisie 就在"雨果之家"附近,这家餐厅外表毫不起眼,但你一进门瞬间就会被其大气的装潢和设计所征服。这家餐厅只有40个位子,每夜只接待40个客人,而且一个月前接受订位(早一天晚一天都不行)。菜品看起来甚为简单朴素,一如菜单上所呈现的低调、简约,但入口之后却是出乎意料地令人感动。佐以黄酒与羊肚菇酱汁的蛙腿,非常值得品尝。

★ 怎样找到华人餐馆

近几年来,法国的中餐馆越来越多,无论是大城还是小镇,都有很多中餐馆和外卖小店,华人餐馆已遍布法国的各个角落。

巴黎中餐馆

名称	特色	资讯
锅色天香	主营：涮羊肉、特色北方菜。菜肴色香味俱全，老板娘是北京人，涮羊肉、芝麻酱小料的味道非常地道	地址：97 Rue.de charonne 75011 paris 交通：搭乘地铁 9 号线在 charonne 站下
福来居	主营：湘菜。色泽上油重色浓，讲求实惠；品味上注重香辣	地址：8 Rue. de la Tacherie, 75004 Paris 交通：搭乘地铁 1 号线或 11 号线在 Hôtel de Ville 站下
俏江南	招牌菜水煮鱼，味道正宗	地址：43 Rue. de provence, 75009 交通：搭乘地铁 7 号线在 lafayette au 站下
鼎鼎香私房菜	这家餐馆以川鲁特色菜系为主，特别推荐：芥末鸡、大盘鸡、贴饼子鱼锅、一品小豆腐、四喜丸子、香辣肥肠、麻婆豆腐	地址：72 Rue. de la Colonie, 75013 Paris 交通：搭乘地铁 7 号线在 Maison Blanche 站下
家常菜馆	这家餐馆很受欢迎，基本每天都需要排队。招牌菜水煮牛肉	地址：7 Rue. volta 75003 Paris 交通：搭乘地铁 3 号线或 11 号线在 ARTS ET METIERS 站下

马赛中餐馆

名称	特色	资讯
锦江餐厅（RestauranTJin Jiang）	高档中餐厅，曾获得法国国际旅游协会颁发的金龙金凤奖，在当地不仅受到中国人喜欢，同时也受法国人的喜爱	地址：106 Rue. d'Italie 13006 Marseille 电话：04-91926375 网址:www.restaurantjinjiang.fr
食为先	主营：自助、快餐、火锅。特色前菜有木瓜 SALADE、牛油果吞拿鱼、越南米线、三文鱼寿司等；主菜有咖喱鸡、美极大虾、烧汁田鸡腿、上汤煮青口等；甜点有椰汁西米露，新鲜水果 SALADE 和雪糕等，价格适宜	地址：26 Rue. NEGRESKO, 13008 Marseiulle 电话：04-91221936

续表

名称	特色	资讯
Restaurant de taiwan-quelle belle journee	传统的中国餐厅,食物的味道很正宗,首推京酱肉丝、酸辣土豆丝	地址:2 Rue. d'inea 电话:04-84262986
新江南酒楼	以正宗亚洲传统经典菜肴著称的中式餐馆,包括中式传统菜系、日式菜系、东南亚菜系等,厨师厨艺精湛,佳肴迭出,风味独具一格	地址:3 Quai de rive neuve 13001 Marseille 电话:04-91550274 网址:xinjiangnan.free.fr

尼斯中餐馆		
名称	特色	资讯
中国城餐厅（China Town Restaurant）	海南黄灯笼辣椒酱,绝对正宗,非常下饭	地址:604 Route te de Grenoble, 06200 Nice 电话:04-93525345
半月中餐（La DEMILUNE）	菜品主要以川菜和鲁菜为主,另有其他家常菜,取材新鲜,口味正宗	地址:2 Boulevard levard Lech Wal-esa 06300 Nice 电话:0492042683
尼斯老城熊猫饭店	主营正宗川菜和面食,是了解四川饮食文化的一个窗口	地址:4 Rue de l\'Abbaye 06300 nice 电话:04-93014568 网址:www.pandanice.com
一品居	主营家常菜、特色菜,取材新鲜,口味正宗	地址:2 Rue. joseph Fricero Nice 电话:04-93440151

★ 常见的法国餐馆类型

在法国，你可以吃到数不清的美食，除了一些正式餐厅、快餐厅、自助餐厅及家常菜小馆外，法国的一些咖啡馆、下午茶馆和啤酒屋也是非常不错的就餐地点，这些地方不仅提供法国特色的葡萄酒、咖啡等饮品，也会供应一些简单的菜肴，如三明治、汉堡、薯条等美式快餐。

法国常见餐馆一览

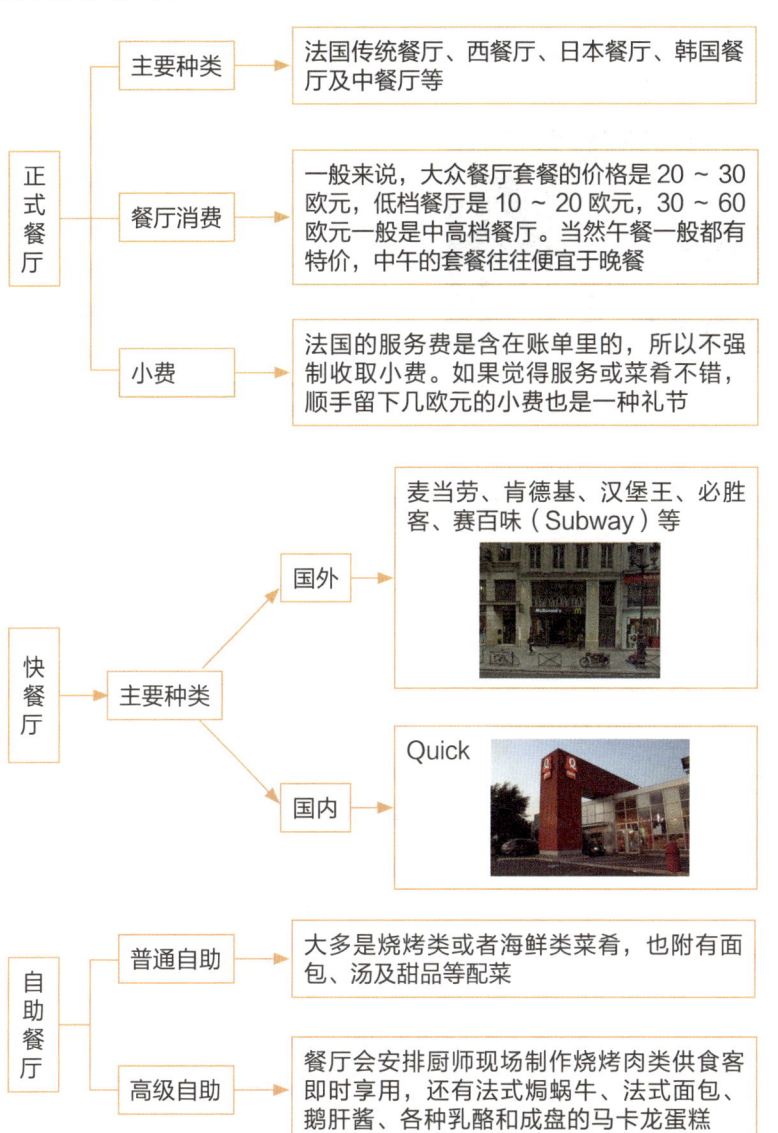

正式餐厅
- 主要种类：法国传统餐厅、西餐厅、日本餐厅、韩国餐厅及中餐厅等
- 餐厅消费：一般来说，大众餐厅套餐的价格是 20～30 欧元，低档餐厅是 10～20 欧元，30～60 欧元一般是中高档餐厅。当然午餐一般都有特价，中午的套餐往往便宜于晚餐
- 小费：法国的服务费是含在账单里的，所以不强制收取小费。如果觉得服务或菜肴不错，顺手留下几欧元的小费也是一种礼节

快餐厅
- 主要种类
  - 国外：麦当劳、肯德基、汉堡王、必胜客、赛百味（Subway）等
  - 国内：Quick

自助餐厅
- 普通自助：大多是烧烤类或者海鲜类菜肴，也附有面包、汤及甜品等配菜
- 高级自助：餐厅会安排厨师现场制作烧烤肉类供食客即时享用，还有法式焗蜗牛、法式面包、鹅肝酱、各种乳酪和成盘的马卡龙蛋糕

家常菜小馆 Bistro → 如果你在法国体验过各种各样的就餐方式，一定忘不了那些独具特色的家常菜小馆 Bistro。这种餐厅专门提供传统的家常菜，它们不但价格便宜，而且气氛也让人感觉非常放松

★ 寻找餐馆集中区及本土餐馆

巴黎（Paris）

在巴黎，你可以随处可见法国餐厅，走进任何一家，你都能品尝到闻名世界的法国料理：牛扒、鹅肝、血鸭等大厨精心烹饪的高级料理，再搭配醇美的法式葡萄酒，绝对能让你大饱口福。除了丰盛的法式大餐，你还可以品尝一下巴黎街头独特的平民美食，这些街头美食不会让你失望，就连三明治、可丽饼、面包、比萨、咖啡等快餐也十分讲究，口味非常多，可满足不同人的饮食习惯。

巴黎本土餐馆推荐		
名称	特色	资讯
Le Saut du Loup	餐厅装潢高贵、典雅，临窗位置尽览杜乐丽花园的美景。这家餐厅最受欢迎的是它独特的三层的三明治，有厨师说，这道菜是对"巨无霸"汉堡的致敬之作	地址：107 Rue. de Rivoli, 75001 Paris 电话：01-42254955 交通：乘地铁M1线在Tuileries站下车步行可到
La Tour d'argent（银塔餐厅）	银塔餐厅擅长做鸭子，血鸭是银塔餐厅名菜。风味奇特，食之齿颊留香，堪称美味之最。不仅普通民众，就连达官显贵、社会名流都慕名前来品尝	地址：15 Quai de la Tournelle, 75005 Paris, France (Notre Dame/Marais) 营业时间：周一休息 电话：01-43542331 网址： www.latourdargent.com=
Chez Clement Opera(克雷蒙之家)	克雷蒙之家是法国大型餐饮连锁集团"布朗兄弟"旗下的产业，主要提供各种精美的法国菜肴，餐具皆为铜制，独具特色，菜肴原汁原味	地址：17 Bd Capucines 75002 Paris 电话：01-53438200

续表

名称	特色	资讯
Spring（春天餐厅）	这是一家很特别的餐厅，餐厅的厨师每周只工作 4 个晚上，每晚只接待 16 位客人，店里的招牌菜是他精心调制出的一个四菜套餐，分别是蜗牛土豆汤、炸土豆、胡萝卜配鸭胸肉，以及作为甜品的橘子沙拉	地址：6 Rue. Bailleul, 75001 Paris 电话：01-45960572 交通：乘地铁 M1、M13 线在 Louvre – Rivoli 站下车步行可到 网址：www.springparis.fr
Ledoyen	Ledoyen 是巴黎一间米其林三星级餐厅，位于香榭丽舍大街附近。餐厅装饰非常雅致。菜式分为前菜、主菜、甜点等，选材精心，烹饪精湛，其中黑松露鲈鱼是餐厅的热门菜式	地址：8 Avenue Dutuit, 75008 Paris 电话：01-53051000 交通：乘地铁 M1、M13 号线在 Champs-elysees-Clemenceau 站下车步行可到 网址：www.commercial.groupeepicure.com

里昂 (Lyon)

有"美食之都"之称的里昂，除了近郊有名的 3 星级餐厅保罗 – 勃丘兹外，还有许多价格便宜又能品尝到名肴的小餐馆。

里昂本土餐馆推荐		
名称	特色	资讯
La Gargotte	典型的法国餐厅，一般套餐只需要 25 欧元，提供美味而又分量足的食物，比如鹅肝、牛肉砂锅、青蛙腿及饭后甜点提拉米苏等	地址：15 Rue. Royale, 69001 Lyon, France 电话：04-78287920
Au 14 Fevrier Vieux Lyon	这家餐厅每天只接待 14 位客人，提供的食物有 8 种，但道道都是经典，且独具特色	地址：6 Rue. Mourguet Vieux, 69005 Lyon 电话：04-78929139
Les Adrets	餐厅内部环境十分幽雅，散发着迷人的法国风情，菜肴也十分精致美味	地址：30 Rue. du Bœuf, 69005 Lyon 电话：04-78382430

续表

名称	特色	资讯
Au Petit Bouchon Chez Georges	提供传统里昂菜，如烟熏鲱鱼、土豆沙拉、法式蜗牛、鹅肝和香肠。甜点如布丁、巧克力果仁蛋糕也十分美味	地址：8 Rue. Garet, 69001 Lyon, France (Terreaux-Bat D'argent) 电话：04-78283046 网址：aupetitbouchonchezgeorges.fr
Guy Lassausaie	这是一家米其林级的法国餐厅，食物味道好而且分量也足，最不可错过的是这里的乳酪，口味柔软绵长	地址：1 Rue. de Belle Cise, 69380 Lyon, France 电话：04-78476259 网址：guy-lassausaie.com

斯特拉斯堡（Strasbourg）

斯特拉斯堡是一座地道的美食之城，当地最出名的菜品当属鹅肝酱、阿尔萨斯葡萄酒、巧克力和烧酒，每年有数不清的人们从世界各地赶来这里品尝美味。斯特拉斯堡当地有许多餐馆，你在这里不仅可以品尝到地道的法式大餐，还可以吃到美国、意大利、泰国、日本等异国美食，当然在这里还可以品尝到传统的中国美食。

斯特拉斯堡本土餐馆推荐		
名称	特色	资讯
Les Sales Gosses	提供味道独特的当地美食。餐厅的整体氛围给人感觉很愉快，服务人员除了用法语向你介绍菜单外，还会使用英语，服务很贴心	地址：56 Boulevard Clemenceau, Strasbourg 电话：03-88255544
Kobus	这家店的食物非常美味，美味的烩饭，香喷喷的米饭，细嫩的虾肉，吃完后口齿留香。这家的葡萄酒也非常不错	地址：7 Rue. Tonneliers, 67000 Strasbourg, France (Petite France Centre) 电话：03-88325971
S'kaechele	主要提供阿尔萨斯地区特色菜肴，水煮猪肉十分美味，猪肉是入口即化，值得品尝	地址：8 Rue. de l'Argile, 67000 Strasbourg, France (Petite France Nord Ouest) 电话：03-88226236
Au Fond du Jardin	店内装饰是维多利亚式风格，梦幻般的氛围。老板平易近人，非常热情	地址：6 Rue. de la Rape, 67000 Strasbourg, France 电话：03-88245006

普罗旺斯(La Provence)

普罗旺斯的埃克斯是一座汇聚了世界各地美食的城市,无论你想品尝哪个国家还是哪个著名城市的美味,基本都可以在这里找到。当然这里最有名的还属埃克斯当地菜。埃克斯菜肴是普罗旺斯菜系的代表,被视为是最具代表性、取材最独特、饮食结构最合理的地中海风味美食。

普罗旺斯本土餐馆推荐		
名称	特色	资讯
Christian Etienne	米其林一星餐厅,最值得品尝的要数番茄全餐,每道菜都采用番茄作为食材,口味十分特别,让人食欲大增	地址:10 Rue. de Mons, Avi-gnon, France 电话:04-90861650 营业时间:11:30-14:00;17:30~22:30,周日休息
Restaurant L'Essentiel	餐厅位于一座古老的建筑里,但装修又采用了比较时尚的现代风格,还有个很舒适的小庭院。餐厅的厨师曾获得米其林推荐,主打菜是普罗旺斯风味的法国料理	地址:2 Rue. Petite Fusterie, 84000 Avignon, France 电话:04-90858712
Chez Mardie	餐厅面向旧港,可以感受到徐徐的海风,非常浪漫。推荐店内的马赛鱼汤、蒜泥蛋黄酱炖鱼汤及细葱烩海鲷	地址:138 Quai du Port 电话:04-91904987
Le Roi du Couscous	主要提供美味的北非料理。在悠闲的法国餐厅内,品尝着正宗的非洲菜,让人难以忘怀。店内菜色简单不花哨,非常实惠	地址:63 Rue. de la Republique 电话:04-91914546

蔚蓝海岸（La Côte d'Azur）

蔚蓝海岸的戛纳拥有阳光、大海、橄榄园等得天独厚的自然环境，这里的美食也十分美味。最有名的特色菜肴有布丁摊鸡蛋、咸干鳕鱼和鱼泥、烩什锦、红酒焖牛肉等。蔚蓝海岸的尼斯作为法国的著名城市，当地的美食也绝对不容错过，尼斯的美食混合着意大利北部和普罗旺斯的特点。

蔚蓝海岸本土餐馆推荐		
名称	特色	资讯
Le Pastis	餐厅提供最正统的法国大餐，就餐环境幽雅，性价比高，每餐人均消费40欧元	地址：28 Rue. du Commandant André, 06400 Cannes 电话：04-92989540 网址：pastis-cannes.com
Le Salon des Independants	餐厅位于老城区，店内氛围幽雅。无论是素食还是肉制品烹饪的菜肴都很美味。另外，餐厅内还有专门弹吉他和竖琴的演奏家，在美妙的音乐中品尝美食，绝对是一种浪漫的体验	地址：11 Rue. Louis Perrissol, 06400 Cannes, France 电话：04-93399706
La taverne alsacienne	餐食性价比高，菜品有特色。海鲜和牛排是首选食物。店内装潢非常高档，食客可以全方位享受用餐乐趣	地址：49 Rue. de l'Hôtel des Postes, 06000 Nice 电话：04-93622404 网址：alberti-nice.com
Brasserie Flo	餐厅内的海鲜十分美味，推荐鱼汤、生蚝与螃蟹料理。另外，这里的甜点也值得一试，如果口味比较清淡，可以点上一盘新鲜的草莓	地址：2-4 Rue. Sacha Guitry, 06000, Nice 电话：04-93133838 网址：www.flonice.com

 管家提示

法国的用餐时间与中国不同，法国的午餐时间是12:00-14:30，用餐高峰时段是13:00-14:30，晚餐时间是19:00-23:00。在去一些高级餐厅就餐前，最好先在官网查看一下具体的供应时间，他们很可能不供应晚餐。此外，不少餐厅周一歇业。

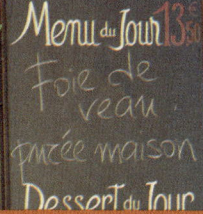

NO.3 怎样看懂菜单

过来人经验谈

叶刀和阳光·女·某公司职员·注重旅行质量

我的法语水平一般，面对花样百出的菜单有时真是摸不着头脑。在吃饭前，我也只能硬着头皮跟服务员说先看一下菜单，然后开始狂翻电子翻译器。有时候一些菜单真让人眼花缭乱，它可以将牛身上的不同部位分成不同类别，还有牛排的生与熟也有不同。

★ 法国人一日三餐吃什么

法国人比较懂得享受生活，因此他们用餐非常讲究。在一日三餐中，早餐和午餐可能要随意一些，对于很多法国人来说，一杯咖啡、一块三明治也许就是午餐的所有内容。晚餐是比较重要的一餐，法国人的晚餐一般在20：00左右，他们习惯用这段时间来消除一下一天的疲劳，顺便与家人在一起增进感情。

法国人的一日三餐		
餐次	时间	饮食
早餐	7:00-9:00	早餐一般包括法式牛角包和面包。另外，果酱、奶油、饮料和巧克力等也经常是法国人早餐里的一部分
午餐	12:00-14:00	午餐与早餐类似，一般是三明治或其他面包，如果时间比较充足，他们也许还会点上一道美味的开胃菜、一道主菜或是一些饭后甜点

续表

餐次	时间	饮食
下午茶	16:30 点左右	一般会吃一些甜点，如马卡龙、玛德琳等，再搭配上咖啡
晚餐	20:00 开始	晚餐比较丰盛，有冷盘和主菜，还有汤。晚餐后，法国人还喜欢喝杯浓咖啡，吃点水果或雪糕，当作劳累一天后的享受

tips

法国餐厅的每张桌子都有服务生，但是他们只管自己分内的事，对于别的餐桌上的事会"视而不理"。所以在这里的餐厅中点菜一定不要太着急，也不能站起来大声地催促，你可以用眼神示意一下，然后服务生会很快过来。

★ 像当地人一样去点餐

用餐礼仪

1 在法国的高级餐厅就餐时，必须提前预订，同时需要注意着装，女士应穿连衣裙或套装，男士应穿西服配领带。

2 当服务员将你带到指定餐位时，如果想调换座位一定要告知服务员，让其为你安排，切不可以自己随意换位置。

3 吃到一半需要放下刀叉时，请左边叉子右边刀子，摆成"八"字形，表示你还要吃。吃完之后，刀叉并拢，刀口和叉口指向左上方，斜放在盘子上，表示你不吃了，服务生看到就会收走。

4 尽量不要在盘子里剩余食物，法国人不喜欢浪费食物，如果你的盘中有太多的食物剩余，餐厅的服务人员会以为是他们餐厅的食物不好吃，是对他们的否定。

▲西餐餐具在不同阶段的摆法

餐厅点餐 / 用餐步骤

1 带位入座
进入餐厅时,要先告诉服务员你是否有预约,然后在其带领下入座。有的餐厅门口还会放一本候位本,你可在上边填写好自己的姓名及人数,然后撕下号码条等待服务员广播通知。

2 点开胃酒
就座后,餐厅服务人员会先问你要不要开胃酒,就是餐前酒,有需要的话可以点。

3 点菜
点餐的顺序是先点菜后点酒,点菜则要先点头道菜,一般为凉菜或汤,尽管菜单上有多种,但只能选择一种。在上菜之前会有一道面包上来,吃完后服务员帮你撤掉盘子再上第2道菜。第2道是汤,第3道菜才是主菜,一般是海鲜或者肉类。第4道菜就是甜品,一般是蛋糕或者冰激凌,然后服务员会拿来葡萄酒单,如果不知道选择什么葡萄酒的话,可向服务员咨询搭配哪种葡萄酒比较好。

4 结账
想要结账的时候,如果你不会用法语表述,可做一个右手在左手掌心写东西的动作,这时服务员便会拿来账单。法国人习惯在桌边结账,服务生把账单放在桌上后就离开,当你把现金或信用卡放在账单上,他才会过来清点。

海鲜　孩子的食品　特价

龙虾　　　　　甜点

> **管家提示**
> 点餐时,一定要仔细地看菜单。法国的菜单跟美国的菜单不太一样,一般标明了"sur la carte"的才是单点的菜单,而我们常见的"menu"是套餐。法国的菜单上一般分成前菜(les entrées)、主餐(les plats)、乳酪(les fromages)、甜点(les desserts)、饮料(les boissons)几部分。

PART 4

吃货教你吃「法」餐

NO.4 结账时如何付费

过来人经验谈

 叶刀和阳光·女·某公司职员·注重旅行质量

刚到法国的时候,在餐厅吃饭,经常会纠结要不要给小费,有时候会偷偷留意观察别人付费的情况。最后在结账时问了一下服务员:"是否要小费?"服务员则回答:"不用,吃得开心就好。"后来朋友也告诉我,在法国就餐大多数不用支付小费。通常餐厅中结账和点菜的服务员也往往不是同一个人。

 Milu_miluuu·女·学生·爱时尚爱旅行

早就听朋友说过,法国餐厅一般没有付小费的习惯,在用餐账单中已包含消费税,无须再支付额外的小费。

★ 结账方式的选择

法国一般的餐厅都是等顾客用餐完毕后才结账,服务员递上账单,一般是直接使用现金结账,而在一些比较高档的餐厅内,除了可以用现金结算外,还可以使用信用卡结账。如果使用信用卡支付,服务员会把账单和卡一起拿回服务台,刷卡之后,把信用卡退还给顾客,并要求顾客在账单栏签字,之后方可生效。签单之后就可以离开餐厅了,不用等服务员回来取单。

★ 小费如何支付

在法国基本上所有餐厅都已将税率 15% 的服务费包含在菜价内。如果你觉得你所就餐的餐厅的食物或服务非常好时,可以付给服务员 2~5 欧元的小费。

管家提示

法国禁烟非常严格,现在基本在全法国范围内实行禁烟,大多数餐馆会分吸烟区和非吸烟区。如果你在吃饭时想吸烟,尽量克制,假如特别想吸烟,就找吸烟区。如果在非吸烟区吸烟会违反法国的禁烟令。

Part 5
法国扫货必备攻略

NO.1 买什么最地道

过来人经验谈

 Gexi 有选择恐惧症·女·法国留学生·独自生活在法国的高中生

来到法国最不可落下的活动可以说就是购物了。下面我着重介绍一下我在巴黎购物的一些感受及一些细节。在巴黎香榭丽舍大道购物真是一种享受，先不说附近的购物地之多，商品之高档、齐全，这条街的风景也很不错，一边逛一边购，没有什么比这更惬意的事情了。这条街上有一家著名的Lacoste店，这家店在夏季的时候不打折，只在冬季打折，所以喜欢这个品牌的朋友可以选择冬天去抢购。另外，你还可以在这里感受到真正的时尚与潮流，很多专卖店或者旗舰店的商品更新非常快，品种齐全，经常会有特价促销。除了这些专卖店，还有不少青年设计师的实验店。

 叶刀和阳光·女·某公司职员·注重旅行质量

上海最受"淘宝家"欢迎的要数街边小店，既便宜还有一些特色商品，但是在巴黎，如果抱着同样的想法去小店，肯定会受到挫折。巴黎有一家叫Collett的小店，可以说是目前最时髦的小店，店内出售各种时装、电器、唱片、书籍等，很有创意感也很时髦，但是价格偏贵。建议还是去百货公司购物，如果你对当地交通不熟悉，那么百货公司绝对是一个极佳的选择，那里的商品种类齐全，像"老佛爷""巴黎春天"等商场，都会给外国人提供10%额外折扣。我这次在"老佛爷"买了个BALLY的包，就比国内便宜了2000多元。

我没钱可我想旅行·女·旅游撰稿人·想要走遍全世界的文艺女青年

到了法国最应该买的东西应该有三样：红酒、奶酪和鹅肝酱。下面我着重介绍一下细节。

（1）红酒：法国葡萄的种植有大年和小年之分，一般来说单数年份是小年，比如2007年，葡萄成色一般，就是小年。双数年份也不全是大年，最近的年份里面，2002年和2004年葡萄的收成都还不错。

（2）奶酪：奶酪有着不同的口感、香味、成熟过程、形状和质地，你可以像品味葡萄酒那样去品味奶酪。去法国旅行，奶酪绝对是不能错过的美味。如果你想在餐后品尝一个奶酪拼盘，需要在品尝前1小时把奶酪从冷柜中取出，放在常温环境内，这样奶酪的香味就逐渐变浓，吃起来更加香甜可口。如果从冰柜中取出就直接食用的话，奶酪的香味会因为过冷而被破坏。

（3）鹅肝酱：法国的肥鹅肝在全世界范围内都非常有名，但是在法国购买鹅肝酱一定要注意别买错，我们在法国买鹅肝酱就闹出了笑话。当时我们打算出去买鹅肝酱，出门直接走进了附近的小超市，凭着我有限的法语，找到了鹅肝酱的罐头，一看价格才3欧元，非常高兴，觉得捡了便宜。一同前去的伙伴怕有问题，找了个会英语的人问了一下，才知道我们拿到的是猪肝酱，所以才这么便宜。鹅肝酱在法国也是很贵的食品，数量也非常少，一般小超市是不会有的，所以买之前一定要仔细确认。

★ 本土品牌

法国著名的本土品牌	
名称	信息
Louis Vuitton（路易·威登）	Louis Vuitton品牌主要生产箱包和皮具，为全球知名奢侈品品牌。品牌于1854年创立，创始人是路易·威登，他是法国历史上最杰出的时尚设计大师之一。现在，Louis Vuitton不再局限于设计和出售高档皮具和箱包，开始涉足于时尚领域，如时装、装饰品、鞋子、酒类、传媒等
Chanel（香奈儿）	Chanel成立于1913年。香奈儿是专为女性设计的品牌，其创始人是加布里埃·香奈儿。此品牌后来拓展到香水、化妆品、腕表和高级珠宝等领域，为女性塑造自由、优雅、独特的风格
L'oreal（欧莱雅）	L'oreal创立于1907年，经过一个世纪的努力，它已从一个小型企业跃居世界化妆品行业的龙头企业，实力非常强大

续表

名称	信息
Christian Dior（迪奥）	Christian Dior 于 1946 年创立，是由法国著名时装设计师创立的女性化妆品品牌，目前已涉猎时装、珠宝、香水、彩妆及护肤等领域。此品牌迎合了经济实力较强的成熟女性的审美，是时尚高档女装的代名词，也是法国时装文化的最高精神代表
Bonnat（波娜特）	Bonnat 是法国历史最悠久的巧克力品牌之一，至今历经了 4 代，是由 Félix Bonnat 创立于法国瓦隆的巧克力品牌
Richart（理查特）	Richart 巧克力曾被英国时尚杂志 *Vogue* 评为"世界上最漂亮的巧克力"，它全部由最好的原料制成，非常可口
Château Lafite Rothschild（拉菲堡）	法国的拉菲堡葡萄酒可以说是全世界范围内最受推崇的葡萄酒之一，曾被誉为"法国葡萄酒之王"
Carrefour（家乐福）	家乐福集团于 1959 年创立，是大卖场业态的首创者，是欧洲第一大零售商，是世界第二大国际化零售连锁集团，其业务遍及世界 30 多个国家和地区，曾被《财富》杂志评为世界 500 强企业之一
Montagut（梦特娇）	Montagut 于 1880 年成立，是一家成衣品牌公司，由家族运营。其产品涉及床上用品、服装、皮具、鞋类、文化用品等，是法国最著名的男士服装品牌之一
Longchamp（龙骧）	也是法国顶级奢侈品牌，以女鞋为主，高端手袋也非常受欢迎，使用材料为顶级的皮革
Avène（雅漾）	法国著名药妆品牌，有舒缓特护系列、清透美白系列、恒润保湿系列等，雅漾大喷雾最受上班族欢迎
Vichy（薇姿）	巴黎欧莱雅旗下品牌，是法国三大药妆之一，产品蕴含了法国薇姿城特有的温泉水及高科技健康活性分子，是赋予皮肤健康与活力的护肤品，对于敏感皮肤有很好的调理作用
Loreal（理肤泉）	源自法国的 700 年温泉水，因独特的理疗功效闻名全球，被称为"为皮肤而生的温泉水"，产品温和无刺激，敏感皮肤使用非常好

★ **名品特产**

香水

　　法国是香水圣地，来到这里，国际驰名的香水肯定是购物中的重头戏。首都巴黎可以说囊括了几乎所有的法国香水品牌，在这里可以找到大部分驰名国际的法国香水品牌，如花莫利纳尔（Molinard）、宫娜

（Fragonard）等。

名牌包

在香榭丽舍大街的商店和巴黎春天百货商场里面有数不清的名牌包包，包括香奈儿、迪奥等。喜欢包的女士可以尽情购买。这些名牌包退完税之后价格让人更加心动，因此，包包自然就成了来到法国必须购买的物品之一。

化妆品

香奈儿、娇兰、迪奥、兰蔻等世界顶级奢侈品牌都汇聚于时尚之都巴黎。除了化妆品之外，药妆在法国也很出名，因其具有温和、杜绝敏感等特点而受到女士们的喜爱。

葡萄酒

法国葡萄酒的芳香已经浸润到法国的每个角落了，与这个国家的艺术和电影一样出名。在巴黎，聚集了无数的美食美酒；东北部的香槟(Champagne)闻名国际；北部的阿尔萨斯(Alsace)出产特别的干白和甜白；西部的卢瓦尔河谷(Loire)盛产各种类型的葡萄酒；波尔多更不必说；南部普罗旺斯盛产桃红葡萄酒。每个地方，似乎都和葡萄酒有着割舍不断的情感。

丝绸锦缎

每个城市在法国都有其独特气质，里昂也不例外，它曾是法国享有盛誉的丝绸之都。里昂的丝绸锦缎知名度甚至可以和中国的杭州丝绸有一拼，其质地很好、现代感也极强，是里昂名副其实的特产之一。

★ 服装

法国是一个时尚之都，本土设计师品牌和潮牌非常多，款式别致、质量上乘的法国潮牌正逐渐成为法国品牌的倡导者。对比奢侈品，这些品牌服装的价格比较平民，加上质量上乘、款式别致，因而非常受那些极富主见、独具风格的时髦人士的欢迎。

法国本土服装品牌

Vicomte A：风格简单时尚，让顾客体验都市生活的舒适感。

Eleven Paris：经常会有新颖的风格，将名人的头像以幽默的方式展现，不仅在时尚界崭露头角，其绝妙的设计也吸引了大批粉丝。

Barrie Knitwear：香奈儿旗下著名针织奢侈品牌。

URBAN REVIVO：简称UR，全球快时尚领先品牌。

Maje：是法国本土非常出名的品牌，很受中国粉丝的欢迎。

Morgan：价位亲切，全球知名度很高。

其他推荐

Faconnable, Each x Other, Arealage, Julien David, Peclers, Paul Poiret。

> **tips**
>
> 在法国购买服装时，要注意尺寸问题。法国的体格比亚洲人的体格高大一些，即使同样是 S 码，法国的也比中国的 S 码大。

★ 奢侈品

宝诗龙（Boucheron），浪凡（Lanvin），纪梵希（Hubert de Givenchy），兰蔻（Lancôme），巴黎世家（Balenciaga），迪奥（Dior），雷米·马丁（Remy Martin）等。

 管家提示

每年冬季与夏季，法国都会有一次全国性的大减价，是恋物族最盛大的节日。政府统一规定大减价开始的时间，每年时间都不一样。圣诞节假期结束后的一周左右，冬季的折扣基本上开始了。在打折季期间，法国的大部分商店都会打 30%～70% 的折扣，不过一些商品也是不参加打折的，如 LV、Chanel。你可以登录购物价格比较网站 www.getprice.com.au，比较多家各类大型零售商提供的物品价格，也可登录华人网站 maigou.auzoom.com 了解打折信息导购。

法国常用的购物优惠网站	
www.pascalcoste shopping.com	法国最大的折扣网之一，里面的商品折扣非常多，商品也有很多。不仅有化妆品、日用品，也有一些服装等，最多可以享受到高达 90% 的折扣
topbargains.com.au	一个致力于"低价共享"的网站，收集了法国最优质的优惠券
tjoos.com.au	此网站拥有众多家网店的优惠券
www.ozbargain.com.au	它是一个汇总网站，里面有非常实用的折扣、免费信息等

NO.2 去哪买最合适

过来人经验谈

Miss_Ho 同学·女·学生·喜欢一个人去旅行

巴黎非常好玩,这次旅行我们去了罗浮宫、巴黎圣母院、凡尔赛宫等景点,当然最吸引我的是凯旋门前面的香榭丽舍大街了。这条街上有各种国际大品牌店,价格比国内要便宜很多,还有许多国内根本买不到的品牌,我们在这里逛了一整天,扫荡了一堆名牌衣服、包包,非常开心。

★ 购物场所

法国被人们称为"购物天堂",这里的购物场所主要包括购物街、大型购物中心、百货商场、市集与市场及超市,各类商品琳琅满目。

法国场所一览

购物街	
特色	场所推荐
法国各城市有众多特色购物街道,在这些购物街上能找到众多品牌商店和销售当地特产的纪念品店等	香榭丽舍大道(Avenue des Champs Élysées)、蒙塔涅观光大道(L'Avenue Montaigne, Faubourg Saint—Honore)、奥斯曼大道(Boulevard Hauss-mann)

PART 5 — 法国扫货必备攻略

百货公司		
特色	营业时间	场所推荐
法国大型的百货公司可轻易见到，物价较高，具有完善的退货机制	法国的大多数商场一般都在7:00-10:00开门，而在19:00-20:00点关门，这些商店一般都在周一到周六营业	老佛爷百货（Galeries Lafayette）、春天百货（Printemps）、波马舍百货（Bon Marche Rive Gauche）

购物中心	
特色	场所、地点推荐
法国有很多别具特色的购物中心，这些购物中心不仅是购物的好去处，还是游玩观光的不错选择	特鲁瓦小镇(Troyes town)、蒙田大道(Montaigne Avenue)、免税店（PARISLOOK）

市场、市集		
特色	营业时间	场所、地点推荐
可以找到很多法国别具特色的小纪念品，或者是各式各样的工艺品	一般在周二、周四和周末营业，时间一般为8:00-16:00	旺多姆广场(Place Vendôme)、胜利广场、夏特勒(Chatelet)广场

超市		
特色	营业时间	场所推荐
超市中的商品琳琅满目，而且价廉物美。到了晚上，还会有很多半价商品	9:00-18:00（周日、节假日关门）	Carrefour（家乐福）、Auchen（欧尚）、Monoprix

★ 法国热门城市主要购物中心资讯

巴黎主要购物地点资讯		
名称	简介	地址
香榭丽舍大道	巴黎购物，首推的当然是香榭丽舍大街，这条街上汇聚了许多奢侈品牌	Avenue des Champs-Élysées, Paris
蒙塔涅观光大道	这条街上汇聚了全球一流的时装品牌，商品高档但价格昂贵，很多名人明星都来这里购物	L'Avenue Montaigne,Faubourg Saint-Honore, Paris
拉丁区购物大道	这条街上的商品风格比较多样，既有典雅高贵的高级时装，也有前卫的时装及饰品，因靠近索邦大学，这里也有很多针对学生的品牌	Quartier Latin, Paris
歌剧院观光大道	巴黎的名流们都喜欢来这里逛街购物，这里有许多奢华品牌的店铺，香水店到处都是，时装店也遍布整条街道，喜欢法国香水的朋友们不要错过	Opera, Paris
巴黎春天百货公司	这里汇聚了各种世界名牌，共有3座营业楼，主要经营香水、化妆品、服装、配饰、箱包等，其中服装各楼层按不同风格划分，货品促销活动按照消费对象区分。购物环境幽雅，商品质量高	64 Boulevard. Hausmann, Paris
巴黎老佛爷百货公司	巴黎最有名的百货公司，位于巴黎春天百货公司的隔壁，是很多来法国旅游的人的首选购物地，营业主楼共有8层，底楼主要经营各种名牌产品，香水、箱包、首饰、名表等，三楼主要出售时尚女装，各季以世界各地风情为主题的促销活动极具特色	40 Boulevard Hausmann, Paris
波马舍百货	这家百货公司出售的商品多种多样，许多法国人都喜欢到这里购物，商品档次高于巴黎春天、老佛爷，整体价位偏高	22 Rue. de Sevres, Paris

PART 5

法国扫货必备攻略

鲁昂主要购物地点资讯			
名称	简介	地址	网址
Faencerie Augy Carpentier	如果你想购买彩釉陶器的话，一定要来这里。这家店是鲁昂最后一家制作彩釉陶器的作坊，生产的陶器多种多样、色彩鲜艳。你可以在玫瑰色或白色陶器上发现精美的花样，极具古典美	26 Rue. St Romain, Rouen	www.melbournecentral.com.au
Chocolatier Auzou	这是当地一家非常有名的巧克力店，喜欢巧克力的朋友一定不要错过。商店位于一座木筋墙面的房子里，出售各种美味可口的巧克力，你可以购买著名的"贞德的眼泪"巧克力及糖渍苹果	163 Rue. du GrosHorloge, Rouen	www.qvm.com.au
Monoprix 超市	超市内可供选择的商品种类很多，且价格实惠，旅行者可以在这里购买一些自己需要的日常用品或食品	65 Rue. du Gros Horloge,Rouen	www.artscentremelbourne.com.au

里昂主要购物地点资讯		
名称	简介	地址
古董收藏品市场（La Cité des Antiquaires）	这个市场中共有130多家店铺，主要收藏出售一些17~19世纪的古典家具、首饰、古旧瓷器和油画等，喜欢古董的游客一定不要错过这里，就算不买，多学习些西方古董知识也是不错的	117 Boulevard Stalingrad, Lyon
旧货市场（Les Puces du Canal）	这是里昂最大、最便宜的旧货市场，应有尽有，很多收藏爱好者都喜欢来这里淘宝。你可在一个个摊位前逛逛，说不定就能看到让你倾心的小物件，比如一些精致的装饰品	1 Rue. du Canal, Lyon

马赛主要购物地点资讯

名称	简介	地址
Centre Bourse	这家购物中心位于马赛的旧港,里面商品多种多样,质量上乘,且价格非常公道,是个购物的好去处	17 Cours Belsunce, Marseille
鲜鱼市场	这里是购买海鲜的好地方,每天都有最新鲜的水产品。如果想买到新鲜海鲜,一定要早一些过来,否则就会被抢购一空	QuaidesBelges, Marseille
CoursJulien	这里是一个按主题贩卖商品的市集,周三和周六是鲜花市集,周五是蔬果市集,周日则是邮票和古书摊市集。二手服饰、陶器或家庭用具等也都可在这买到,有空可以来逛逛,说不定可以淘到心仪的宝贝	CoursJulien, Marseille

图卢兹主要购物地点资讯

名称	简介	地址	网址
Jean Paul Gaultier	这里是法国知名品牌让-保罗·高缇耶的专卖店,你可以在这里看到设计师的全套设计作品,时装、饰品、皮革制品、香水等,喜好让-保罗·高缇耶的游客一定不要错过这里	8 Place Saint-Georges, Toulouse	www.jeanpaulgaultieRuecom
Sonia Rykiel	著名的国际女装品牌索尼亚·里基尔的专卖店,产品以女式服装为主,多是天然原料和成衣,风格优雅	22 Rue. Lafayette, Toulouse	www.soniarykiel.com
Mango	西班牙女装品牌Mango在图卢兹的专卖店,产品以都市女装为主,设计极具个性及现代感,如果你喜欢这个品牌,那么一定不要错过	10 Rue. du Poids de l'Huile, Toulouse	shop.mango.com

PART 5 法国扫货必备攻略

★ 免税店

免税店可以带给游客很多优惠。法国的免税店分两种：一种是"DUTY FREE SHOP"，为免除海关税和消费税的免税店；另一种名为"TAX FREE"的免税店，只免除消费税。

法国主要免税店推荐		
名称	简介	地址
BENLUX	此店为巴黎最老的免税店之一，位于罗浮宫的对面，可以在此购买多种名牌香水、化妆品、服装、手表、首饰、礼品等，并针对不同国家的顾客，一楼是对欧洲各国顾客，二楼对中国顾客，三楼对日韩顾客	174 Rue. de Rivoli, Paris
KAM's	这家店卖的东西都是正品，价格也实惠，服务态度友好热情。可在这里购买香水、化妆品、服装、名表等各种产品	6 Avenue de l'Opera, Paris
Paris Look	此店名为"巴黎形象"，是巴黎最大的免税店，位于巴黎市中心歌剧院老佛爷百货公司附近。在这里可以找到世界各国的知名品牌，如香水、化妆品、皮具制品、手表和其他时尚配件，最重要的是，顾客在这里可以享受直接退税后的价格	16 Boulevard Haussmann, Paris

管家提示

免税店购买的商品可退税的有很多，最划算的要数名牌商品，如香水、化妆品等，这些物品获得退税后，比在专卖店、百货商店买实惠很多。在免税店，不用担心语言沟通的问题，一般有会说中文的工作人员负责介绍。最重要的一点，在免税店购物，应出示护照和返程国际航班的机票。购物后相关票据要保存好，在中国机场海关检查商品时需要用到。

NO.3 说说退税那些事

过来人经验谈

行走山水间·男·某公司职员·极其热爱旅行

在法国，退税可以给我们带来很多优惠。据说来自非欧盟成员国的游客还可以享受更高的购物退税。所以如果你准备来法国旅行，提前做好退税功课是非常有必要的。一般来说，购买的东西越多，退税金额越高，所以尽量在一个店铺把东西买全。

Charles·女·某公司职员·多亲子游经验

我所了解的退税有两种方法：一种方法是在机场退税点排队退税，这种方法为，退税时需携带护照、机票、商品，之后退税金额返回银行卡。谨记排队退税时，勿忘登记时间，所以最好提前去排队退税。另外一种方法是使用客户端退税，这需要下载一个TRS的客户端（全称 *Tourists Refund Scheme*）。按照说明，依次填写你的个人信息，如护照、离境时间等，然后填写商品信息，即 *tax invoice*（纳税单据）上面的内容，填好之后会生成一个二维码，等到出境时，通过机场退税处的绿色通道，把二维码给工作人员扫一下即可。

★ 旅行者如何退税

退税方式包括现金退款、信用卡退税和支票退税。一般情况下，只要你在购物后3个月内离开法国，就可以在机场退税。

1 可以、不可以退税的商品

食品、饮料、烟草、军火等不可退税，而化妆品、服装、鞋、包等商品是可以退税的。

2 注意识别可退税商店
商店里挂有"Tax Free Shopping""Tax Refund"或"Euro Free Tax"等退税标识的商店，才可以享受退税服务。

3 退税金额
欧洲各国对于退税都设有一个价格额度，在法国最低消费（包含TVA增值税）为175.01欧元，增值税率一般是16.38%，退款额比例是增值税额扣除管理费大约为12%。法国海关确认法国退税单的最长期限是3个月。

4 退税所需物品
在购买退税商品时，需要向店家索要一式三份的退税单（Tax Free Cheque）和退税单所对应公司的信封。填好表格后，一份由商家保存，另外两份则由消费者出境时连同商品一并出示给海关人员。海关人员会给退税单盖章，其中一份装入信封邮寄回退税公司，第三份由顾客自己保留。

5 办理好退税单
在退税商店购物满一定金额后，可以要求收银员开具退税单（Detaxe）。开具退税单需要出示护照，还要提供你国内的英文联络地址。拿到退税单后，如果你不会填写不要紧，店里的收银员会帮你在该单上填写详细住址和护照号码。

机场退税流程

1
在办理机位划位之前拿着你的退税单、机票及买的商品到机场的退税窗口（DETAXE）办理退税。

2
到达退税窗口的时候，要将机票、护照和退税单一同交给窗口的海关人员，海关人员会在退税单上面盖章，然后他们会给你一张绿色的客户收执联及一张商家存联。

3
离开窗口后，将商家存联放进信封，贴上邮票后就可以直接放进退税窗口旁边的黄色邮筒内，而客户收执联要妥善保存。

★ 了解法国的消费税
在法国购物，购物退税是很划算的。其消费税高达19.6%。只要你在离开法国前3个月内、在同1天内、在同一家商场购买了超过175欧元的商品（非食品、烟草等）就可申请退税。

管家提示
在退税的时候，有时海关人员还会对你在法国购买的商品进行抽检，为了避免一些不必要的麻烦，在打包行李的时候将所有的退税商品放在一起，以方便检查。

NO.4 东西买多了怎么办

过来人经验谈

叶刀和阳光·女·某公司职员·注重旅行质量

我喜欢旅游，旅游免不了买东西。在法国，买了不少当地特产，发现东西实在是太多了，没办法，飞机肯定不让带这么多，只好四处打听，我到一家华人快递公司，从法国快递到国内，又方便又划算。

★ 物品可否过海关

1 液体类物品

在过海关通过安全口时，携带液体类物品（酒类、香水等）不得超过100毫升，否则须放入托运行李中，通过安检口后在免税店内购买的液体类物品则不受这个限制，但是部分物品可能会被禁止随身携带登机。

2 药品

对于一些药品须进行申报，用量在3个月内的处方药不需要申报，但建议携带英文处方和服用有关药物的医生证明。

3 禁止物品

所有航空公司都有明文规定禁止携带物品，如瓦斯产品、烟火制品、发胶喷雾等。

PART 5 法国扫货必备攻略

★ 行李邮寄

如果回国时的行李特别多,可以先用快递邮寄一部分回国。在法国邮寄物品,除了可以选择当地的快递公司之外,还可以选择一些国际大型快递公司,较有保障。此外,还可以选择一些华人快递公司。

法国快递公司推荐	
名称	特色
法国快运	是口碑最好、最值得信赖的法国快递公司
法国邮政 colissimo	发货速度不快不慢,正常。缺点:体积超过重量,要按体积收费
X 渠道护肤化妆品转运	只限运输护肤或化妆品类
DHL	速度快,时效 2～3 天。缺点:关税产生概率比邮政多,体积超过重量要按体积计费,适合运输文件、奢侈品、红酒、贵重物品

华人快递公司推荐	
名称	介绍
法国安心快递 A.N.S	"信誉至上",致力于为客户提供最优惠的价格、最优质的服务,安全快捷 地址:2 Rue Pinel,75013 Paris 电话:01-57270185

管家提示

法国各大城市市中心都有多家邮局,营业时间为周一至周五的 8:00-12:00、14:00-19:00,周六的 8:00-12:00,周日不营业。在法国,大部分学校和邮局门口都设有黄色信筒,信筒上共有两个投递口,分别标有"对本省"和"对外省",你只需按照自己的投递目的地选择即可。和中国的信封不同,法国的信封正面要求写收信人姓名、地址、邮编,背面写寄信人的信息。邮资:信件最重为 2 千克,超过 2 千克就属包裹类。寄往中国,2 千克的信件邮资是 16.95 欧元。

巴黎勒图凯邮局

Part 6
如何在法国自驾游

NO.1 准备

过来人经验谈

叶刀和阳光·女·某公司职员·注重旅行质量

为了深度感受法国的美丽风景，我们一家人选择了自驾游。我们没有选择去巴黎、戛纳等大城市，而是去了一些法国的小城镇、小村庄。不同于大城市的繁华，在这里我们真正体会到了舒适与安静，整个旅程都非常开心。

行走山水间·男·某公司职员·极其热爱旅行

关于公证翻译驾照，有的人说需要翻译、有的人说不需要，为了以防万一，我还是提前办理好了，但是租车的时候都没要求我出示。不过还是建议大家办理一下吧，因为万一被当地的警察检查到，还是有可能引起麻烦的。

Charles·女·某公司职员·多亲子游经验

带孩子在法国旅行，还是自己开车方便，觉得舒服了就多待几天，孩子不喜欢就转战下一个城市。让孩子玩得更加自由，更何况，暑假的时候刚好也是法国的度假季节，能在路上遇到来自法国各地的人们，让孩子接触新鲜的人和事对他来说都是很不错的锻炼。

★ 了解法国的公路状况

法国是全世界公路网最密集的国家之一，法国公路主要分为国家级公路（国道）、高速公路和省级公路（省道）、市镇公路。法国的交通设施比较完善，所有车辆在既定的车道行驶，不会随意改变车道，非常有秩序。公路上都设有实时变更的电子信息标识牌，保障驾驶员看到的标识内容是最准确的。法国高速公路收费并不便宜，如巴黎到马赛小汽车收费近 60 欧元，巴黎到波尔多收费超过 50 欧元。

★ 确定行程与路线

根据在法国的行程，确定好每天大概要走的里程，提前制定自驾行程与路线。旅行日程不要安排太满，可在自驾游中间阶段多安排出一天进行调整。

1 在地图上标注游玩地点

可先到网上下载一份法国地图，将想要去的城市和地区标注，勾勒出线路轮廓，完成路线初步设计。根据路线距离、在法国的旅行时间、预算等，对目的地进行取舍。

2 每天行车里程计划

决定路线时，根据自驾人数、线路中的道路级别、目的地等因素，还要考虑每天的行车里程。在一天的行程中，国家级公路多还是普通道路多，在市内还是乡村小道行驶等对行程都有影响。如果驾驶者只有一人，要每隔几小时休息一次才能继续前往，两名以上驾驶者可以轮流驾车。根据每天的行车里程，再调整线路计划。

★ 买一份中英文的地图

可以到网上或书店买一份法国最新的中英文对照地图，建议买标有公路编号的法国地图，提前熟悉法国线路及地形。要知道，法国有不少国家公园内都是没有一点手机网络信号，即便下载了离线地图也不好使。有一份中英文纸质地图还是保险一些。

★ 提前做好驾照公证

如要去法国租车旅行，要事先在国内公证处做英文驾照公证，所谓公证件，即驾照的外文版本，是能让当地交警看得懂的翻译件。

管家提示

虽然大多数人带着驾照和公证件已经在法国顺利租车自驾，但不得不注意的是，中国驻法国大使馆官网上有这么一个提醒：法国不承认中国驾照，使馆不建议您在法国自驾车旅游。由此可见，带驾照和公证件去法国自驾是有风险的，所以租车前要仔细询问租车公司。

NO.2 拼车

 过来人经验谈

 叶刀和阳光·女·某公司职员·注重旅行质量

在确定出发前往法国旅游前,就想找几个人在法国一起拼车,于是在旅游网站上发布了拼车信息,很快就收了不少询问信息,最后找了两个和自己年龄、爱好都差不多的同性一起拼车。同伴确定好后,我们相约见面,商量了一下拼车的具体事情,大家聊得也比较开心,总之这次旅行非常成功。

★ **车友常用的拼车论坛**

前往法国旅游,部分人喜欢到拼车论坛发布拼车自驾游的信息,希望可以找到志同道合的人一起游法国。在论坛找车友,尽量提早时间在拼车网及论坛发布和查找拼车信息,给拼车人之间有更早的准备。

车友常用拼车论坛推荐	
名称	网址
穷游网	www.qyer.com
拼车网	www.pcwcn.com
AA拼车网	www.aapinche.cn
达客网	www.duckr.cn

★ 拼车自驾游不可忽略的事情

1 了解拼车人信息

先在拼车网查询车主或拼车会员的拼车历史记录，选择诚信可靠的用户一起拼车。拼车时核对对方身份，记下对方电话号码、住址、单位、职业情况等信息，查看身份证、驾驶证等。

2 商定拼车信息

出发前尽量了解各拼车人的情况，费用、行车路线、搭车时间等情况应在出行前就确定，多人拼车还要对迟到等情况做出商定。

3 女性拼车需谨慎

女性与他人拼车时，在对拼车人了解不多的情况下，最好不穿低胸、吊带装；在拼车、行驶过程中发现有不对的情况，可大声向周围人呼救请求帮助，或立即下车。

管家提示

拼车的人来自不同的生活环境，有着不同的生活习惯，如果选择拼车就一定要互相包容。最好在拼车出行之前就把各自的生活喜好等告知对方，这样才能愉快地完成旅程。拼车过程中可能会遇到各种意外，最好提前做好预防工作，并就发生意外之后的事宜签订书面协议。另外，一辆车上最好有多个人能开车，不要一次旅途中全部由一个人开车，以免疲劳驾驶，造成交通事故。

PART 6 如何在法国自驾游

NO.3 租车

过来人经验谈

Charles · 女 · 某公司职员 · 多亲子游经验

自驾租车是一门很深的学问,出国租车最好选择一辆普通车型,至多乘坐3个人,因为在堆满了行李的后备厢和后座上,其实只能坐下1个人了。如果去的人比较多,最好选择较大的车型。

行走山水间 · 男 · 某公司职员 · 极其热爱旅行

法国的租车业非常发达,到处都可以找到租车公司,许多租车公司都可以在网上预订。我们选择的是安飞士公司,这家公司在机场设有专柜。乘坐飞机之前告知租车公司你下机的航站楼,会有专人将车开到那里,非常方便。因为我们是带着孩子一起去的,希望车辆行驶过程中比较平稳,所以我们租了一辆凯美瑞,价格还算便宜,也足够用了。

叶刀和阳光 · 女 · 某公司职员 · 注重旅行质量

在巴黎租车,普通车辆一般50~60欧元/天,GPS、异地还车等服务另收费。如果你习惯手动挡,租车公司手动挡车型较多可供选择。

★ 租车自驾需符合资格

在法国,年满18周岁且持有有效驾照两年以上的人可以租车,但有车型限制,不满25周岁的低龄驾驶员需缴纳30欧元/天的附加费,最高每月收取300欧元。需要注意的是,如果所租车辆有多人驾驶,则驾驶该车的所有人均须亲自到场,出具相关证件并在租车合同上签字。因为一旦未登记的人员驾驶该车遭遇事故,结果会非常麻烦。

★ 学会挑选租车公司与车型

法国有全球最发达的租车公司,租车公司车辆品种齐全,有标致、雪铁龙、斯柯达、雷诺等,还有奔驰、宝马、捷豹等。需要注意的是,车辆不是按品牌而是按照车型和大小规格分组,一般从小到大分为:经济型(Economy)、紧凑型(Compact Size)、标准型(Standard Size)和全尺寸(Full Size)等。租金和保险根据车辆所属车组和尺寸而不同。最后,可通过租车选择比较表,比较各大租车公司不同车型的价格,选出最适合自己的车型。

法国主要租车公司推荐		
名称	特色	网址
赫兹(Hertz)	拥有众多的车型供选择,车况较新,装备GPS,并提供短期租赁服务一日租、周租和月租,租车门店分布在机场、市中心、近郊的商业中心及居住区和旅游胜地	www.hertz.com
安飞士(Avis)	全球最大的汽车租赁公司之一,提供商务租车、旅游租车、机场租车、自驾租车、带驾汽车租赁等全方位租车服务,租车网点密布	www.avis.com
欧洲车(Eurocar)	拥有众多车型,车况良好,装备齐全,提供各种形式的租赁服务,全球租车网点密布,提供全方位租车服务	www.europcar.cn

主要租车车型		
名称	特色	代表
Economy(经济型)	经济型的微型车,耗油最省,最多可载4人,建议不超过3人,通常为两厢,行李厢较小,可装两件标准登机箱	大众polo、本田飞度、丰田雅士利、标致207、雷诺Sandero
Compact(紧凑型)	适合家用,较为省油,最多可载4人,建议不超过3人,有两厢车型和三厢车型,行李厢一般可装一件大行李和一件标准登机箱	雪铁龙C4L、标致308、福特福克斯、丰田卡罗拉、尼桑骐达
Standard/Intermediate(标准型/中档型)	适合家用,油耗一般,最多可载5人,建议不超过4人,多为三厢车型,行李厢可装两大两小行李	雪铁龙C5、标致508、现代索纳塔、起亚远舰、丰田花冠、宝马5系

续表

名称	特色	代表
Fullsize（全尺寸）	大型轿车，适合长距离旅行，较为耗油，最多可载5人，三厢车型，行李厢可装两大一小行李	雪铁龙C6、标致607、宝马7系
Van/Minivan（面包车/小型面包车）	适合较多人数家庭出游和拼车出游，适合长距离旅行，可载7人，可装载较多行李	奔驰R系、本田奥德赛、大众途安、别克GL8
SUV（多功能运动车）	旅行用车多面手，可在路况较好的公路奔驰，也可在野地行驶，适合长距离旅行，较为耗油，按座位数可分5座和7座，可装载较多行李	M级：雪铁龙C3-XR、标致3008、吉普自由客；S级：大切诺基、福特探索者、雪佛兰开拓者；F级（7座）：雪佛兰Tahoe

tips

大型租车公司一般提供9成新的车辆，车龄不到一年或是行驶里程不到3.2万千米。租车以24小时计算，精确到分钟。如果异地还车，有些公司是免费的，有些费用会高达几百欧元。

★ **学会网上租车**

通过网上查询和预订是非常便捷的方式。你可以登录各租车网站了解各车型组的价格信息，查询是否有特别优惠活动，目的地租车门店的分布，是否有便捷的取车点。此后便可选定某一租车公司并根据系统的提示进行预订。以苏立夫提（Thrifty）租车公司为例，其对租车行驶是不限里程的。

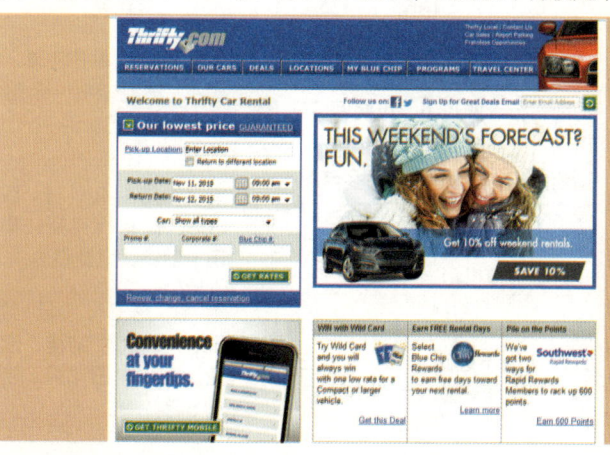

网上租车流程

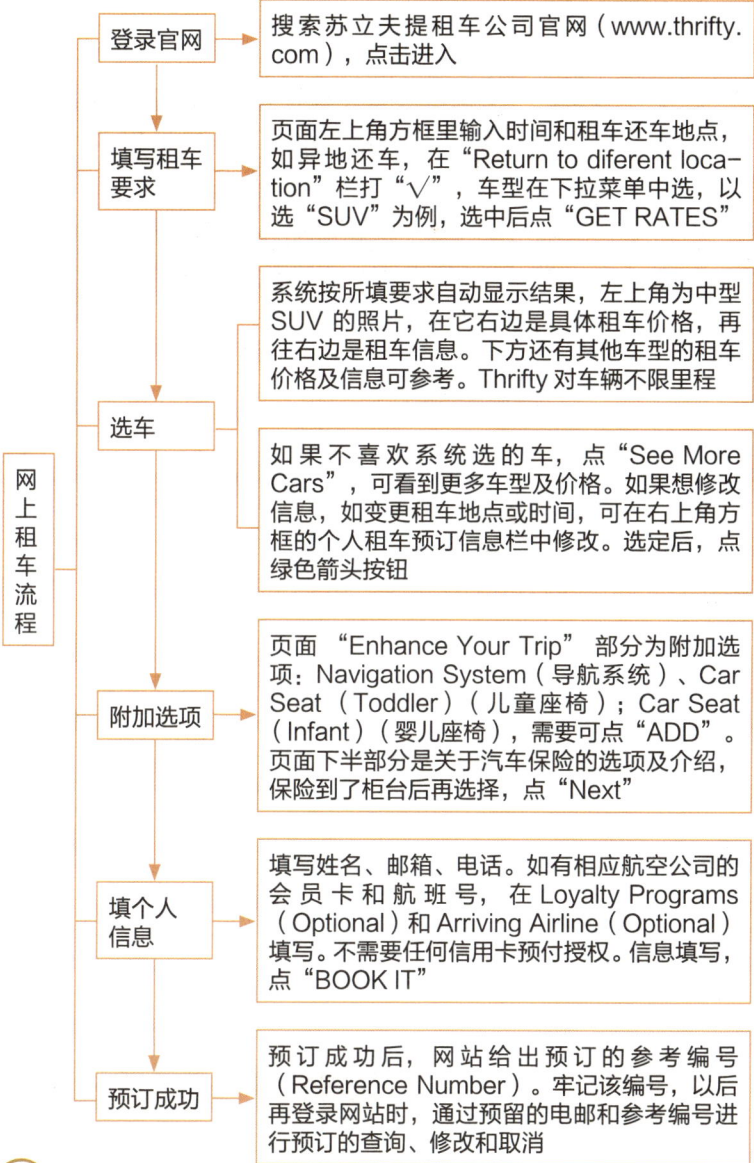

网上租车流程

- **登录官网** → 搜索苏立夫提租车公司官网（www.thrifty.com），点击进入

- **填写租车要求** → 页面左上角方框里输入时间和租车还车地点，如异地还车，在"Return to diferent location"栏打"√"，车型在下拉菜单中选，以选"SUV"为例，选中后点"GET RATES"

- **选车** →
  - 系统按所填要求自动显示结果，左上角为中型SUV的照片，在它右边是具体租车价格，再往右边是租车信息。下方还有其他车型的租车价格及信息可参考。Thrifty对车辆不限里程
  - 如果不喜欢系统选的车，点"See More Cars"，可看到更多车型及价格。如果想修改信息，如变更租车地点或时间，可在右上角方框的个人租车预订信息栏中修改。选定后，点绿色箭头按钮

- **附加选项** → 页面"Enhance Your Trip"部分为附加选项：Navigation System（导航系统）、Car Seat（Toddler）（儿童座椅）；Car Seat（Infant）（婴儿座椅），需要可点"ADD"。页面下半部分是关于汽车保险的选项及介绍，保险到了柜台后再选择，点"Next"

- **填个人信息** → 填写姓名、邮箱、电话。如有相应航空公司的会员卡和航班号，在Loyalty Programs（Optional）和Arriving Airline（Optional）填写。不需要任何信用卡预付授权。信息填写，点"BOOK IT"

- **预订成功** → 预订成功后，网站给出预订的参考编号（Reference Number）。牢记该编号，以后再登录网站时，通过预留的电邮和参考编号进行预订的查询、修改和取消

管家提示

一定要选择连锁的正规租车公司，因为这些公司的服务会比较周到全面，不管你在哪里，如果车辆出了故障或被撞坏，都可以直接给租车公司打电话，公司会派人过来把故障车拖走修理，并带给你一辆新车。这些连锁公司一般都可以异地还车，但不同公司收取的费用是不同的。

NO.4 提车

😊 过来人经验谈

 行走山水间 · 男 · 某公司职员 · 极其热爱旅行

取车时必须出示护照、驾照及公证翻译书，付了租车费就可以把车开走，无须押金。我们提车的地点在机场附近，入境后直接前往租车公司柜台办理手续。办理手续的时候，工作人员并没有看公证书，只要求我把驾照中涉及的中文信息用英文写给她，她要录入电脑。手续办完后，有专人带我们去提车，检查车辆没有问题后，车就暂时归我们了。

 我没钱可我想旅行 · 女 · 旅游撰稿人 · 想要走遍全世界的文艺女青年

如果决定了在法国自驾游，就一定要提前买好安全保险。一般来说，租车费用中包含了基本车险，但这些保险中并不包含车祸等意外情况发生的费用，而这些费用数额一般来说也是非常大的，所以最好提前购买一份安全险，以防万一。

★ 如何前往租车公司网点

机场及其附近

在机场取车一般有三种方式：

（1）租车公司柜台在机场航站楼内，直接办理取车手续，在机场内取车。

（2）拨打提车单上的门店联系电话与租车公司工作人员联系，工作人员驾驶车辆到机场，在出港大厅举牌等待，并立即办理租车手续。

（3）乘坐免费穿梭巴士抵达机场外的租车公司门店办理取车手续。在出机场海关后，留意"Rental Car Shuttles"之类的标识牌，按照指示抵达免费穿梭巴士停靠站台，向司机出示提车单，可与同伴一起携带行李乘坐免费穿梭巴士抵达车行门店。

市区及下榻酒店附近

可以找一个离酒店较近的门店取车，价格相对较便宜。有的门店会提供送车服务，你只需提供具体时间和地点。至于送车服务是否收费，需要提前咨询。

★ **一图学会办理手续**

根据订单提供的信息，找到租车公司营业柜台或门店，即可办理相关手续。

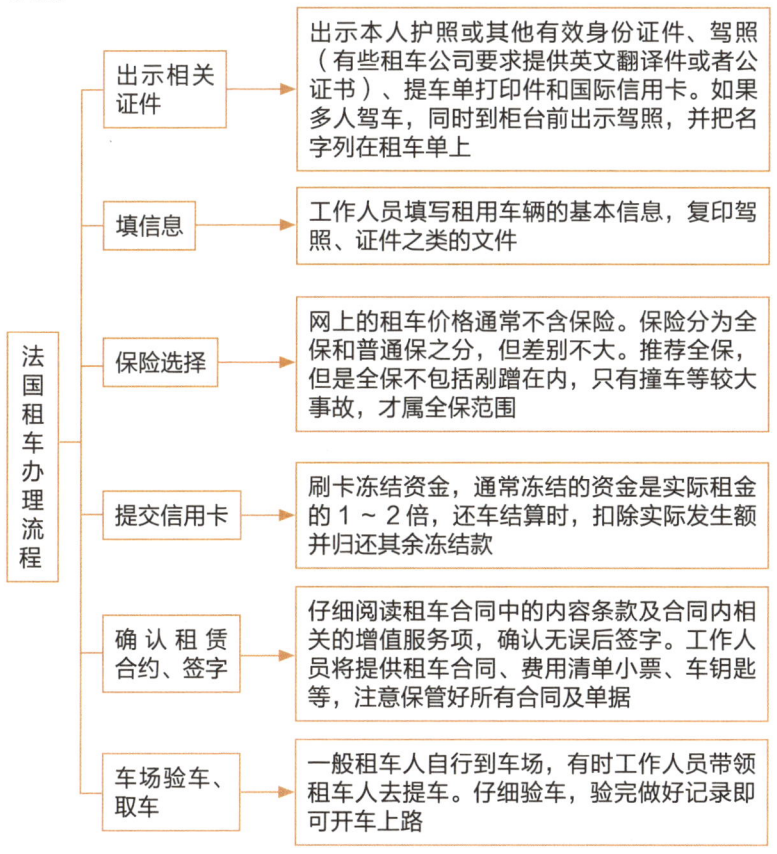

法国租车办理流程：

- **出示相关证件** → 出示本人护照或其他有效身份证件、驾照（有些租车公司要求提供英文翻译件或者公证书）、提车单打印件和国际信用卡。如果多人驾车，同时到柜台前出示驾照，并把名字列在租车单上

- **填信息** → 工作人员填写租用车辆的基本信息，复印驾照、证件之类的文件

- **保险选择** → 网上的租车价格通常不含保险。保险分为全保和普通保之分，但差别不大。推荐全保，但是全保不包括剐蹭在内，只有撞车等较大事故，才属全保范围

- **提交信用卡** → 刷卡冻结资金，通常冻结的资金是实际租金的1~2倍，还车结算时，扣除实际发生额并归还其余冻结款

- **确认租赁合约、签字** → 仔细阅读租车合同中的内容条款及合同内相关的增值服务项，确认无误后签字。工作人员将提供租车合同、费用清单小票、车钥匙等，注意保管好所有合同及单据

- **车场验车、取车** → 一般租车人自行到车场，有时工作人员带领租车人去提车。仔细验车，验完做好记录即可开车上路

▲法国租车流程图

★ 提车注意事项

1 升级车型
如果你预订的车型没有了，工作人员通常会为你更换更高级的车款，这时你可以要求进行免费升级。如果忘记要求免费升级，可以在还车时凭单据退回额外的费用。若有原预订的车型，想更换成更高级车型，须支付对应的升级车型费用，升级车型会产生对应租金差价，信用卡也会冻结相应额度，在还车时进行结算。通常是一次性缴付租金且须支付对应的税费。

2 保险
租车时千万要买保险，租车公司的工作人员会解释保险的事情。如果购买了海外旅游意外险，可以考虑不再购买租车公司提供的顾客财产损失险。有很多信用卡公司的服务包括车险这一项，如果使用该信用卡租车，就不需要买车险，可提前跟信用卡公司确定。一旦和别的车发生了碰撞，打电话给保险公司，等他们来处理，无论谁错，千万别轻易说自己错。

管家提示

租车公司会收取租车押金，但不接收现金作为押金，也不提前收款，一般会在还车时扣除所有费用。

NO.5 驾车

过来人经验谈

叶刀和阳光·女·某公司职员·注重旅行质量

在法国开车，一定要礼让过马路的行人，同时还要多观察后视镜，注意后方是否有其他车辆。如果是在小城镇自驾，一般道路比较狭窄，开车更要小心谨慎。

行走山水间·男·某公司职员·极其热爱旅行

在法国自驾游最令人头疼的不是高额的停车费，而是找到一个合适的车位。如果是在小城镇还好，在巴黎这种大城市，要找一个停车位很困难，而且路边留的车位也短小，要倒进车位，必须要有过硬的倒车技术。

Charles·女·某公司职员·多亲子游经验

自驾游最重要的技能就是认路，一般租车公司会送一份免费地图，如果没有赠送，那么一定要买一张当地详细的地图，并且最好有你能看得懂的语言，以免途中迷路。下高速注意看"SORTIE"标志，这是出口的意思。

★ **规划行程有张有弛**

在法国自驾游玩，每天开车时间建议4小时左右比较合适。出发前，可通过谷歌地图研究线路，定位感兴趣的城市或者落脚点，规划好中途休息点，了解每一段路程的大概驾驶时间。

自驾线路推荐		
线路名称	特色	信息
北部城市之旅	巴黎是法国的首都、法国最大城市，是欧洲的政治、经济、科技、文化、商业、娱乐中心。著名景点：协和广场、凯旋门、罗浮宫、巴黎圣母院、塞纳河畔、凡尔赛宫。 鲁昂，著名景点：鲁昂圣母院、圣母大教堂、鲁昂美术馆、福楼拜纪念馆	从巴黎一路西北横贯到鲁昂
东部城市之旅	斯特拉斯堡，著名景点：斯特拉斯堡教堂、罗昂宫、圣母大教堂、小法兰西。 里昂，著名景点：富尔维耶尔圣母院、白苹果广场、圣让首席大教堂。 第戎，著名景点：达西广场、圣·米歇尔教堂、第戎圣母院	从周边紧邻阿尔卑斯山脉的里昂一路向北先到达第戎，之后转向东北方向，到达国境边的斯特拉斯堡
西部及西南城市之旅	波尔多，著名景点：坎康斯广场、波尔多大剧院、圣安德烈大教堂、市立美术馆 图卢兹，著名景点：市政厅、雅各宾修道院、奥古斯丁博物馆	从波尔多一路东南到达图卢兹，沿途经过多个西南城市和景点
普罗旺斯—阿尔卑斯—蔚蓝海岸之旅	马赛，著名景点：伊夫岛、贾尔德圣母院、马赛美术馆 尼姆，著名景点：尼姆竞技场、四方形神殿、喷泉公园、马涅塔 阿维尼翁，著名景点：教皇宫、圣内贝泽桥、小皇宫美术馆 尼斯，著名景点：尼斯当代美术馆、尼斯老城、盎格鲁大道	马赛沿海岸线依次抵达尼姆、阿维尼翁，最后到达尼斯，领略美丽的蔚蓝海岸

★ 了解当地驾车习惯

　　法国的方向舵和中国一样，都是左舵，车辆和在中国一样也是靠右行驶，但有些习惯和交通标志与中国不同。时速以千米计算，一般市区限速每小时50千米，高速公路一般是每小时130千米。在法国的小城镇，路上车辆比较少，很容易超速驾驶，一定要经常留意公路上限速标志，或者在导航系统上设置限速，一旦超速就会有语音提醒。

★ 熟悉当地交通规则

　　在法国开车要时刻小心路边的各式各样的交通标志，并时刻遵守，这不光是为了躲开警察的罚单和引起不必要的麻烦，更是为了自己和他人的生命安全着想。下面将法国的交通标志予以罗列。

法国交通标志

交通标志	说明	交通标志	说明
	★停车标志 一般出现此图标地面也会有相应的实线，多在丁字路口或十字路口。必须将车完全停在实线内，观察左右两边是否安全、有无车辆，确认安全后方可通过		★禁止通行 此标志经常出现在街道的入口，表示此路禁止车辆通行
	★禁止驶入 此标志表示此入口禁止一切车辆驶入，一般设在单行线的出口		★限速标志 表示从出现该标志开始，直至限速解除标志出现为止，车速必须低于该标志所示数值
	★限速解除标志 从此标志开始，表示限制速度路段结束。此标志设在限制车辆速度路段的终点		★会车让行 常出现在狭窄路段或因为施工等原因只能在单车通行的路段。表示如对面来车，应先让对方先行
	★禁止超车 表示该标志至前方解除禁止超车（灰色有斜杠）标志的路段内，不准超车。此标志设在禁止超车的起点		★减速让行 该标志常出现在支路进入主干路的入口，表示支路车辆需要减速，保证主干路车辆的通行，确认安全后再驶入主干路
	★小心野生动物出现 该标志多出现在高速公路上，表示该路段可能有野生动物出现，请驾驶员提高警惕		★下坡路 该标志出现在下坡路的起点，百分比数值为坡度。提醒驾驶员注意坡度，适当减速
	★容易打滑 该标志多出现在冬天或雨天容易结冰的路段，提醒驾驶员当心，路面滑，减速慢行		★环形转盘 该标志设置在进入转盘前的路段，提醒驾驶员前方为转盘，提前减速并确认转盘内车辆优先通过后再进入转盘
	★高速入口 该标志设置在进入高速公路（环城）的匝道入口，表示从此处可进入高速公路		★此路不通 该标志设置在死胡同的入口，该路段没有出口

续表

交通标志	说明	交通标志	说明
	★限制时间的免费停车处 该标志表示此处可以免费停车，但限制时长		★收费停车处 该标志表示此处可以免费停车
	★信息中心 该标志表示前方有旅游信息中心，游客可以根据指示找到信息中心获得工作人员的帮助		★宿营地 即使你开着房车或者带着帐篷也并不是所有地方都可以随意停车露营的，必须在标有露营标志的地方才能露营
	★拼车标志 此标志多出现在高速公路的收费处附近，经常会有背包客需要搭车去远方，如果顺路方便的话，就伸出你的援手吧		★安装防滑链 此标志表示从此处开始，所有车辆必须安装防滑链才能通行
	★打开灯光 此标志一般出现在隧道的入口处，要求驾驶员在进入隧道的时候及时打开车灯		★观景台 Point de Vue，就是观景台的意思。表示附近有观景台可供游客欣赏风景
	★徒步路线起点 此标志出现，表示此处为徒步旅行的路线的起点		★经常性停靠 此标志多出现在扫地车、邮局或快递车辆尾部，表示该车经常性停车，后方的车辆要注意
	★道路中断 此标志表示前方300米处由于施工原因造成道路的中断，请另寻其他路线通过		★卡车出入 此标志表示前方为施工地的卡车进出入口，请驾驶员提高警惕，减速慢行
	★临时停车 此标志多出现在火车站或机动车场的上下客处，车辆可以短时间停靠，下客或上客后需立即离开，不可长时间逗留		★禁止停车 该标志出现在解除禁止停车标志的路段内，严禁长时间或临时停靠。禁止的时间和范围有辅助的图标表示

法国道路系统

法国道路系统		
交通标志	名称	说明
A75	高速公路 (Autoroute)	以字母 A 打头,附以数字,一般是双向四车道以上的封闭线路。法国高速公路系统非常发达,全长将近 9000 千米,其中包括非特许经营高速公路 1100 千米,非特许高速公路为免费的,而特许经营高速公路交由 APRR 等私营公司收费。法国的高速公路承担着公路网将近 50% 的车流量
N89	国道 (Route National)	以字母 N 打头,附以数字,多为环城公路或城郊联结城市与高速公路之间的免费快速路。不同于高速公路的是,国道为开放式,中间不设置隔离带且经常穿行而过,所以在国道上驾驶要小心岔路可能出现的其他车辆和行人,注意车速
D28	省道 (Route Départe-mentale)	以字母 D 打头,附以数字,多为城市内主干道及联结小城镇的普通道路。但偶尔离开高速公路,走走国道、省道倒是会有更多不一样的风景

法国与中国的交通规则大部分相同,在法国,"行人优先、汽车让人"是最基本原则。如果有行人过马路,无论何种情况,一切大小车辆都必须停下来让路。

★ **掌握停车技巧**

在法国,很容易就能找到停车场,路边也有很多停车位,分无限和限制时段停车。若乱停车,罚款从几十到几百欧元。

法国常见的停车场类别

(1)法国露天停车场的标志一般是一个蓝底白字的大大的"P"字,该停车场要收费。

(2)路边有一块用白色虚线划出来的地方,如果标有字母"PAYANT",即是收费停车场,附近肯定有自动缴费机,交费后记得把小票放到前挡风玻璃处,方便交警看到;如果白色虚线处或附近标有"TAXI""POLICE""PRIVE"等字母,不要停车;如果白色虚线处及附近没有任何标志,则可免费停车。

(3)地下停车场是最常见的,进入停车场时领取停车票,出去时候交费。

(4)有些地方没有任何停车标志,但有车停在那,在这种地方停车要慎重。

tips

1. 法国对于停车地点、时间段、时长、收费标准等都有严格的规定。在商业区路边停车，如果超过规定时间，管理人员会在你的车窗上贴上罚单，有时车还会被拖走。
2. 千万不要在没有任何停车标志的地方停车，法国对于停车管理非常严格，不要心存侥幸，否则车很容易就会被拖走。
3. 不要将车停在有残疾人标志的停车位，那是给有专门证件的残疾人使用的，随便停要罚款或者车被拖走。

★ 关于加油的那些事儿

在法国，常见的加油站有 Total（道达尔）、BP（英国石油）和 Shell（壳牌），常见于高速公路旁。通过高速公路上的指示性标牌（panneau indicateur）可以知道最近的加油站有多远，也可以通过 GPS 搜索附近的加油站，法国加油站叫 station-service。

汽油分类及标号

法国比较常见的汽油（essence）种类有两种，分别为 SP95 和 SP98，分别对应的翻译是 95 号汽油和 98 号汽油，租车加油加 95 号即可。千万别和柴油（diesel）搞混了。

付费加油

法国的白天通常是加完油再结账，车开到加油站直接加油，然后到便利店交钱，可以用现金或者刷卡支付，但为了防止不能刷卡，多备点零钱比较好。晚上加油一般是先付钱再加油。如果是自助加油，需要刷带芯片的国际信用卡或加油卡。另外，法国许多加油站晚上下班较早，加油就成了问题，所以晚上尽量不开车或时刻注意油量。

注意加油站的标志，黄色的是柴油，绿色的是汽油。

★ 故障/违章/意外事故处理

故障

如果车辆出现故障或损坏，立刻打开应急灯（双闪），在安全的前提下换道并停靠在路边的安全地带，最好是右侧，路边停车一定要注意安全。检查故障，在需要的情况下可直接联系租车协议上的门店或道路救援电话，租车公司会及时给你提供相应的帮助，也可马上拨打17报警。

> **tips**
> 法国租车公司提供的道路救援是全天24小时的，几乎覆盖了法国城乡的各个角落，为租车用户提供了全方位的保障。

违章

1. 限速/超速

法国限速使用单位为千米/时，市内限速每小时50千米，巴黎环市道路每小时80千米，主要公路每小时90千米，双线分隔车道每小时110千米，高速公路每小时130千米。多留意公路上的限速牌。大多数法国人都会超速，一般情况下不超过限速的20%，交警一般不管。建议在高速路上不要领跑，而是跟跑。

2. 罚单

如果租车自驾违章，罚单会直接发到租车公司，租车公司会在你的信用卡中扣款，并通过邮件的形式把罚单转寄给你。不过开罚单一般是在违章后的一个月左右，所以你可能是回国之后才收到罚单。

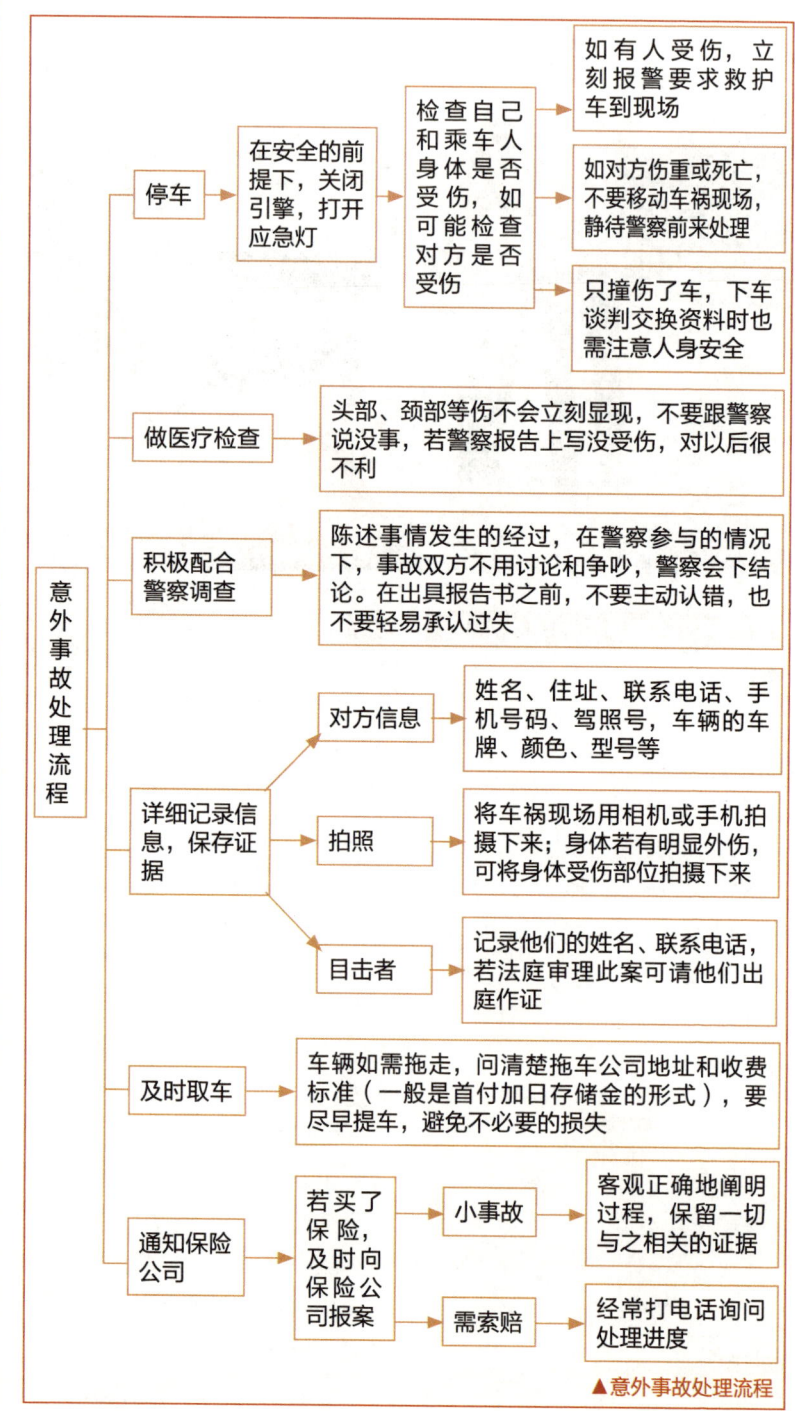

▲意外事故处理流程

1. 车辆被砸（被盗）

车辆被砸（被盗）是比较严重的意外事故，遇到时不要慌张，按流程办事，能使事故得到更好的解决。为了避免这一类严重事故的发生，车辆应尽量停在有人看守的收费停车场，若停在免费停车场或偏僻地带，不要在车内留下任何重要私人物品。

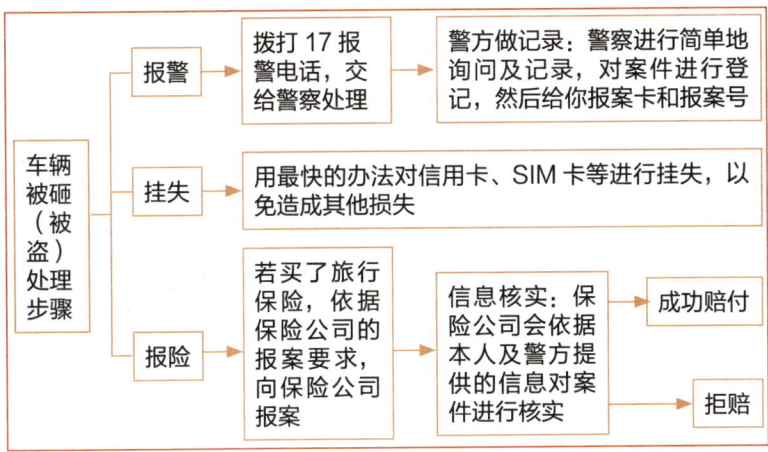

2. 剐蹭

如果只是剐蹭普通事故，将车辆移至路边，给租车公司打电话并拍照取证，然后填写租车合同中处理车祸的空白文书（不会填可以请别人帮忙填写）。之后就可开车离开了，等到还车的时候，租车公司会算出修车费用并处理。

★ **随车设备有备无患**

GPS 导航仪

GPS 导航仪是租车自驾必备的设备，可以在国内租赁、购买，也可在租车公司租赁。如果下车去做别的事情，一定要把 GPS 放到隐蔽的地方，免得被人砸碎玻璃偷走。

当地最新地图

一定要索取或购买一份当地最新的地图，地图可以在机场旅游服务中心索取，有些加油站会提供免费地图。建议在出发前标明目的地，防止途中问路时因为语言问题产生麻烦。

雪地轮胎 / 防滑链

如果是冬天去法国，道路会因为下雪而变得比较滑，对安全不利，所以最好为车辆安装上雪地轮胎或者防滑链，行驶在有雪和结冰的路面，建议使用雪地轮胎或防滑链。

 管家提示

在法国，违反交通法规经常会被处以高额的罚款，如被发现未携带驾照，则一般会罚款 11 欧元，最高罚款 38 欧元，并扣留驾驶证，所以在去法国之前一定要仔细研究法国的交通法规，以免产生不必要的麻烦。另外，当你收到罚单之后，一定要在规定期限内缴清罚款。否则法院会下通告，对你以后来法国，以及去其他欧盟国都会有影响。

PART 6 如何在法国自驾游

NO.6 还车

过来人经验谈

叶刀和阳光·女·某公司职员·注重旅行质量

还车最方便的就是异地还车,当时因为我们突然改变了行程,所以选择了异地还车,沿着道路就可以看到租车公司专门的标有"Rental Car"指示牌,按照指示牌就可以到达还车的门店。还车的时候,工作人员对车辆进行了一系列的常规检查,记录了一下还车时间,给我们开了发票,就算还车成功了,非常方便。

Charles·女·某公司职员·多亲子游经验

我们是在巴黎的一个华人开的小公司租的两辆小型轿车,租费是750欧元,包含150欧元的保险,共可以驾驶20天。车辆挺新的,唯一美中不足的就是车辆是手动挡,可能也是因为公司比较小的原因吧。我们通过这次租车经历,总结了一些经验:

(1) 能早订车一定要早订,临时订车,可选范围和价格都不好。

(2) 在同一个城市取车和还车,可选的租车公司很多,价格也便宜很多。

(3) 7座车的租车价格几乎大于2辆小车的价格,同理,座位越多的车辆租费越贵,而且还得提前预订才有车。

(4) 一定要少带一些行李,因为你的行李过多也会增加租车的费用。

★ 机场还车轻车熟路

机场还车非常方便,进入机场范围一般都有明确的租车指示牌,很容易找到还车的门店。

机场还车流程

机场还车流程		
前往机场门店		进入机场范围,留意道路指示牌,会有关于租车公司专用的"Rental Car"路牌指示,选择正确车道行驶
抵达租赁门店	人工还车	工作人员会对车辆进行检查,并记录车辆返还的时间和车辆状态
	自助还车	用相机或手机拍下车辆外观照片(包括车顶),开启时间显示功能以证明拍照的时间,以免日后发生纠纷
索取收据	人工还车	在还车站点向工作人员索取票据
	自助还车	无须向工作人员索取票据
乘免费穿梭巴士前往机场候机楼		携带行李抵达穿梭巴士停靠站台,并告知司机航空公司名称和航班号,下车后不要遗忘个人物品
退还押金		如果租车期间没有违章,通常一个月内,押金将自动解冻,归还至信用卡中

★ 异地还车方便快捷

如果不想走回头路,可以选择异地还车。一般比较大的城市,如巴黎等,都支持异地还车。只要在选择完取车门店和还车门店后还能够顺利完成预订,订单就有效,也就支持异地还车。

管家提示

异地还车可能产生一定的费用,收费标准由不同的租车公司及取还车门店而定。如果行程计划有变化需要改变租车时间或还车地点,一定要提前和租车公司商量好,以免被收取一些违约金等费用。

NO.7 自驾游新方式

过来人经验谈

行走山水间·男·某公司职员·极其热爱旅行

法国的房车内的设备非常完善。当时我们租了一辆房车,看到车的时候,感到惊喜:炉具、冰箱、沙发、餐桌椅、盥洗设施等一应俱全,床也比我们想象的大一些。另外,我们租的房车还带有导航功能,可以调整为中文版。

★ 小房车大世界

法国的房车设施一应俱全,有厨房、卧室、卫生间,以及电视、衣柜、微波炉、冰箱等基本生活必需品。另外,房车不太适合在市区行驶,天气不好的时候,行驶起来也不太方便,因而在预订房车之前一定要把这些因素都考虑进去。

房车租赁网站:www.mcrent.eu、www.aviscaraway.com

法国露营地查询:www.campingfrance.com、www.eurocampings.co.uk

★ 拉风的摩托车

在法国,骑摩托车旅行也是一种非常拉风的方法。不过,骑摩托车出行需要一定的驾驶技术和旅行经验,而且一定要提前制订好行程表,确定好路线和要去的景点。要注意的是,骑行的过程中,一定要注意劳逸结合,不要过度劳累。

乘房车游法国

管家提示

如果打算在法国骑摩托车旅行，建议购买一个固定的硬质带锁的行李箱，这样在停车的时候行李不会丢失。还得买一个能随身携带的配件包，贵重物品随身携带；还要记得买一个实用的地图。此外，住宿的地点一定要提前规划好。

Part 7
法国主题游精选

NO.1 美丽小镇之旅

法国是世人皆知的浪漫之国,每年接待的游客平均7000多万人次,超过了该国的人口数,是世界旅游大国之一。在法国旅游,当然不能错过散落在各个地方的小镇,这些小镇都有亮丽的风景。由东向西,由南到北,法国各处都有风格迥异的小城镇,或幽雅、或华丽,风格各异。

过来人经验谈

 Charles · 女 · 某公司职员 · 多亲子游经验

法国的小镇都有其独特的魅力,有的淳朴,有的精致,我们当时在巴黎郊区找到了一个极具特色的小镇。整个小镇看上去仿佛是一幅美丽的油画,房屋都绘制成不同的颜色,非常吸引人的眼球。

 行走山水间 · 男 · 某公司职员 · 极其热爱旅行

在法国我一个小村庄,悠闲地度过一个假期。早上从阳光中醒来,与房东一起去田间劳作、采摘,远离城市的喧嚣,绝对是一件非常惬意的事。

吉维尼小镇

 吉维尼(Giverny)小镇位于法国西海岸,坐落在上诺曼底大区的厄尔省,是一个典型的法国村庄。这个小镇历史悠久,景色优美,层层绵延的山地、白墙红瓦的房屋、郁郁葱葱的树木,以及五彩缤纷的花朵,美得令人目不暇接,流连忘返。小镇每一处都好似一幅精美的画作,每一角落都充满诗意。在这个绚丽烂漫的小镇中，曾经居住过著名的印象派大师莫奈，他的著名作品《睡莲》系列和《日本桥》系列就是在这里完成的，他还在小镇中经营了一个小型的花园，随着时节的变化，花园内会盛开出不同的花卉，在这里你可以找到莫奈画笔里的色彩。

- **地址** 84 Rue. Claude Monet, 27620 Giverny, France
- **交通** 从巴黎的 Saint-Lazare 火车站乘火车到 vernon 车站，转乘公交车可到吉维尼

tips

吉维尼小镇中最著名的景点之一就是莫奈花园，花园内每个季节都会有不同的鲜花开放，你可以根据不同的花的花期前往观赏。

莫奈花园花期	
时间	开放花朵
4 月	郁金香、紫罗兰、勿忘我、南庭荠、樱桃、海棠花、贝母、黄水仙
5 月	鸢尾花、牡丹、杜鹃、罂粟花、天竺葵、紫藤、杜鹃花、桂足香、金链花、雏菊、飞燕草
6 月	玫瑰、罂粟花、铁线莲
7 月	玫瑰、旱金莲、藿香、百日菊、花烟草、凤仙花、马鞭草、大丽花、金光菊、琴柱草、唐菖蒲、醉蝶花、大波斯菊、向日葵、蜀葵、睡莲（初期）
8 月	大丽花、大波斯菊、金光菊、芙蓉、睡莲（末期）
9 月	金莲花、紫菀花、大丽花、大波斯菊、金光菊
10 月	大丽花

科尔马小镇

科尔马是阿尔萨斯葡萄酒中心，也是法国干白葡萄酒主要产区。它与德国只有咫尺之遥，因其被莱茵河支流伊尔河环绕，素有"法国小威尼斯"之称。科尔马小镇因其隐蔽的地理位置和绝美的景致，被很多人称为"画一般的小镇"。科尔马仍然保留着 16 世纪建筑特色的木筋房屋，墙身布满各种横竖相间的木条条纹，精致而美丽，好似童话中的小屋，而想象力丰富的法国人在一个个间隙中添满各种颜色，也是其浪漫情调的一种体现，科尔马也因此获得了"街道艺术学会奖"的殊荣。这个小镇经历了 17 位统治者之手，最后才归属于法国，也许就是因为它经历的权力更迭，才有它如今与众不同的建筑风格和风土人情。如果你有机会来到这座

静静的小镇,那绝对会是你心灵的一次洗礼。

🏠 **地址** Rue. des Clefs, Grand'Rue, Rue des Marchands

🚌 **交通** 从巴黎搭乘火车可前往,大约 3 小时可到

科尔马小镇内景点	
景点	介绍
菩提树下博物馆（Musée d'Unterlinden）	这里展示文艺复兴时期以莱茵河一带为题的重要雕塑及画作,而其中一幅由格鲁奈瓦德于 1515 年绘画的伊森海恩祭坛画是该馆镇馆之宝
人头屋（Maison des Têtes）	这栋建筑以其正面的 105 个人面头像雕刻而闻名,头像表情各异,生动有趣
普菲斯泰屋（Maison Pfister）	有许多历史悠久的特色建筑及精致的店面,贩卖当地的民俗工艺品及美食。这里最著名的就是文艺复兴时代风格的前院及哥特式窗户和凸肚窗
小威尼斯（Petite Venise）	科尔马小镇内最浪漫的地方,比较有名的是境内运河和花船,景色极其美丽
埃吉谢姆（Eguisheim）	著名的圣莱昂九世教堂在圣莱昂城堡内,是一座新罗马式风格建筑
城墙小路（Rue des Remparts）	小路两边有城墙,城墙都以城堡工事为中心,中间隔着护城河
巴尔托尔迪博物馆（Musée Bartholdi）	这座博物馆是为了纪念举世闻名的自由女神像的作者巴尔托尔迪而建立

佩鲁日小镇

佩鲁日小镇位于法国南部,里昂远郊,是少有的保存完好的中世纪风格小镇,美国前总统克林顿曾经来过这个美丽的小镇。小镇围绕着一个山丘而建,正是老房子周围的崎岖小路使得这个中世纪的小镇逐渐被人们所认知。小镇中没有现代化的设施,没有高大的建筑,也没有大型的购物场所,只有几个穿插在古朴民居中的小店。每到傍晚时分,小店就逐渐打烊,小镇又恢复了中世纪的"死寂",但也正是其尚未过度开发,才保留了中世纪小镇的样貌,让人们感受当时的生活状态。

🏠 **地址** 里昂东北部约 30 千米处

🚌 **交通** 从里昂搭乘火车,大约 40 分钟可到

阿讷西小镇

阿讷西小镇位于法国东部，毗邻瑞士，因此这个小镇除了散发出一股幽雅的气息外，还拥有那么一点瑞士风情。阿尔卑斯山脉就在这个小镇的西侧，在小镇的湖面上，可以看到阿尔卑斯山的倒影，许多白色的小艇静静停靠在水岸边，几只水鸭在碧色的湖面上游弋，河畔花团簇簇，四周弥漫着清新的花香，周围古老的教堂又给小镇增添了一丝丝古典美。每当夕阳西下之时，漫步在小镇的街道上，金色的夕阳映照在水面上、花朵上、街道上，或是打在行人的脸上，那种温柔的光芒都会深深地打动你的心。夜幕降临的时候，小镇上的路灯都亮起来，给人一种童话般的感觉。

法国其他小镇推荐		
小镇	地址	特色
依云小镇	法国 Haute Savoie 地区，坐落在日内瓦南岸，背靠阿尔卑斯山，面临莱芒湖	青山绿水，娇艳的花儿、精巧的房屋，将依云小镇点缀得美丽而又温情。另外，小镇独特的地理构造成就了闻名世界的依云矿泉水
霞慕尼小镇	勃朗峰下	被誉为"极限滑雪胜地"，来到这里不仅可以欣赏迷人的雪域风光外，还可体验惊险刺激的滑雪
艾克斯小镇	普罗旺斯	拥有种满梧桐树的林荫大道，华丽的中世纪古城，是普罗旺斯最具都会风情的小镇，有着"法国最优美的城镇"之称，非常浪漫
埃吉桑小镇	法国东北部阿尔萨斯	被誉为"法国最美的小镇"，小镇内的建筑都保留着中世纪风格，彩色房子整齐地排列在街道两旁，家家户户的窗台上都摆放着美丽的鲜花

 管家提示

法国的许多小镇都是中世纪遗留下来的古迹，千万不要在小镇的建筑上乱刻乱画，否则会引起当地人的愤怒。

NO.2 文化艺术之旅

法国浓厚的文化气息超乎常人的想象，艺术派别百花齐放。无论是罗浮宫，还是里昂歌剧院，或是尼斯美术馆，它们都是价值连城的文化遗产，有着别具匠心的建筑风格，散发着令人无可抗拒的魅力。

过来人经验谈

 行走山水间·男·某公司职员·极其热爱旅行

要说法国什么最多，那一定就是博物馆了。这里有数不胜数的博物馆，里面可以看到各个时期、各个国家和地区的艺术品，我们当时买了一张博物馆通票，逛了巴黎许多的博物馆，收获不小。

法国的博物馆大多都有中文宣传册和中文导览器，宣传册一般免费，中文导览器有的景点免费提供，有些景点需要付费才可使用。

罗浮宫

罗浮宫是这个世界上最大最古老的博物馆，拥有着无穷无尽的魅力，著名的肖像画《蒙娜丽莎》、雕塑《萨摩屈拉克胜利女神》、雕塑《米罗岛的维纳斯》就藏身于此。罗浮宫博物馆是一个呈"U"形的巨大建筑群，与伦敦大英博物馆、纽约大都会博物馆并称为"世界三大博物馆"。馆内精美的壁画、精细的浮雕美轮美奂，具有极大的欣赏价值。要注意的是，罗浮宫内不允许导游讲解，但可以领取到中文导游图，方便寻找参观目标。罗浮宫面积非常大，藏品数不胜数，如果你只有1天时间参观的话，最好选择重点展品参观，比如《蒙娜丽莎》，又称"永恒的微笑"，无论你从哪个角度看，她那温和的目光总是注视着你。

- **地址** Musee du Louvre,75058 Paris CEDEX01,France
- **交通** 地铁搭乘1号线或者7号线，在Palais-Royal-musee du Louvre站下车后步行约5分钟即到
- **网址** www.louvre.fr/zh
- **门票** 常设展览门票12欧元（当日可自由进出，但不含拿破仑厅临时展览、德拉克洛瓦博物馆）；拿破仑厅临时展览门票13欧元，套票16欧元
- **开放时间** 周一、周四、周六、周日9:00-18:00（17:30开始清场），周三、周五9:00-21:45（21:30开始清场）。闭馆日为每周二，以及1月1日、5月1日、8月15日、11月11日、12月25日

tips

1 看艺术藏品的好去处

如果你想看最古老的艺术品，就可以去东方艺术馆参观公元前的雕像、石刻和泥像。还可以到东方艺术博物馆观赏著名的《汉谟拉比法典》。

2 欣赏珍宝的好地方

在东方艺术馆里的珍宝馆里尽情地观赏法国大革命时期王室的珍宝，镶满宝石的王冠、镀金的圣母像、历代王朝王室的家具、装饰用具等，都能让你一饱眼福。

罗丹博物馆

罗丹博物馆（Musee Rodin）是巴黎最具特色的博物馆之一，主要展示法国著名雕刻家奥古斯特·罗丹的作品。博物馆分为室内和室外两个部分，室内的展览厅共有两层，分别展示罗丹在不同时期的作品；室外的展览厅建造在美丽的公园内，罗丹的许多成名作大多摆放在这里，如《地狱之门》和《思想者》，在欣赏大家作品的同时，还能感受着公园内的鸟语花香，是一种极大的享受。

- **地址** Musee Rodin, 79 Rue. de Varenne, 75007 Paris, France
- **交通** 乘坐地铁8、13号线到Varenne站下车可到
- **网址** www.musee-rodin.fr
- **门票** 9欧元
- **开放时间** 9:30-17:45，周一闭馆
- **电话** 01-44186110

里昂歌剧院

里昂歌剧院（The National Opera of Lyon）历史悠久，造型独特，是法国除了巴黎歌剧院最具影响力的歌剧院之一。这座歌剧院至今已有300多年的历史，之前的建筑内部有些破旧，经过改造之后在空间上有了很大的改善，内部空间是原来的2倍之多。歌剧院最高处的6层采用的是圆顶带玻璃的结构，透明的构造使得整个歌剧院显得极具现代感。在这里除了欣赏精彩绝伦的歌剧外，还可以观赏独特设计的建筑之美。

- **地址** Opera de Lyon
- **交通** 乘地铁A线或C线到Hotel de Ville、Louis Pradel站下车可到；公共汽车1、3、6、13、18、19、40、44路到达Hotel de Ville、Rue de la Republique站下车可到
- **网址** www.opera-lyon.com
- **门票** 全价票9欧元，折扣票5欧元
- **开放时间** 需要提前预约
- **电话** 04-72004545

马赛历史博物馆

马赛历史博物馆（Musee d'Histoire de Marseille）是法国知名的历史与考古博物馆，也是法国的第一座城市历史博物馆。馆内藏品非常丰富，不仅展出了与马赛历史相关的藏品，还介绍了马赛的文化遗产。博物馆内特别的藏品要数一艘公元 3 世纪的从事海上贸易的船只的遗骸及罗马建筑的断壁残垣。如果你对马赛的历史感兴趣，那么就一定不要错过马赛历史博物馆。

- **地址** 2 rue Henri-Barbusse, 13001 Marseille
- **交通** 乘坐 T2 线在 Belsunce Alcazar 站下可以到达
- **开放时间** 周一至周六 12:00-19:00
- **电话** 04-91145950

波尔多大剧院

波尔多大剧院（Grand Theatre）位于波尔多市中心，是一座极具新古典主义风格的建筑。从外观上看，整个大剧院显得非常壮观，俨然一座庄严的希腊神庙，剧院的前方的 12 根圆柱上半部分雕刻着 12 尊神态各异的音乐女神雕像；剧院内部装饰得非常奢华，进入剧院内，有来到了悉尼歌剧院的感觉。

- **地址** Place de la Comedie, 33000 Bordeaux
- **电话** 05-56008595　**网址** www.opera-bordeaux.com
- **门票** 4.8 欧元

尼斯美术馆

尼斯美术馆（Musee des Beaux Arts de Nice）位于尼斯市中心，主要收藏一些国家寄存的艺术品。馆内收藏的画作和雕塑作品年代跨越了5个多世纪，作品大多出自名家之手，其中包括画家范洛、弗拉戈纳尔、谢雷、迪菲，以及现实主义雕塑家罗丹、卡尔波等名家的作品。

地址 33 Avenue des Baumettes, 06000 Nice

电话 04-92152828

交通 乘坐3、9、10路公交车在Rosa Bonneur 站下车可到

网址 musee-beaux-arts-nice.org

开放时间 10:00-18:00，周一及节假日闭馆

管家提示

法国的博物馆或艺术馆内都禁止吸烟，也不可以大声喧哗，来到这里参观一定要遵守当地的习俗，共同维护馆内的卫生环境。

法国其他博物馆推荐			
名称	地址	交通	网址
巴黎橘园美术馆（Musée de l'Orangerie）	Musee de l'Orangrie 75001 Paris	乘坐地铁1、8、12号线在Concorde站下车可到	www.musee-orangerie.fr
里昂高卢-罗马博物馆（Musee de la Civilisation gallo-romaine）	17 Rue. Cleberg	乘坐地铁在Minimes站下车可到	www.musees-gallo-romains.com
阿维尼翁薰衣草博物馆（Musee de la Lavande）	Route de Gordes D2, Hameau de Coustellet, F-84220 Cabrieres D'Avignon	乘地铁1号线至Esplanade de la Defense站下车可到	www.museedelalavande.com
尼斯俄国东正教大教堂（Cathedrale Orthodoxe Russe St-Nicolas）	17 Boulevard du Tzarewitch, 06000 Nice	乘坐71路公交车在Tzarewitch站下车可到	www.cathedrale-russe-nice.fr
里昂丝绸博物馆（Musee des Tissus et des Arts Decoratifs）	34 Rue. de la Charite	乘坐地铁A线到Ampere-Victor Hugo站下可到	www.mtmad.fr

NO.3 宫殿城堡之旅

法国的艺术生活充满活力，不论是矗立在卢瓦尔河畔的香波城堡，令人充满着梦幻和惊喜；还是摇曳着薰衣草香的雪侬索城堡，散发着浪漫气息；或是巴黎雍容华贵的凡尔赛宫、枫丹白露宫，这些豪华奢靡的宫殿无不让你享受着视觉盛宴。这里的宫殿中珍藏着数不胜数的艺术品，矗立着无数让人叹为观止的著名雕塑，有的藏品能让你回想起自己曾经接触过的文学作品。

过来人经验谈

Gexi 有选择恐惧症·女·法国留学生·独自生活在法国的高中生

我非常热爱珍藏艺术品，在法国待的两年里，我感触最为深刻的就是各种宫殿，各种视觉盛宴。我去了有着悠久历史政治渊源的凡尔赛宫，还有幽雅庄严的法国皇家宫殿等。它们各有其美，风格迥异，但给我一个共同的感受是，在这些地方你可以找到心里最静的一个角落，足够洗去身上的尘埃。

PART 7 法国主题游精选

凡尔赛宫

　　凡尔赛宫（Château de Versailles）是法国路易十四时期的皇宫，是欧洲历史上最奢华的皇宫，也是各国皇宫模仿的对象。1833年，这里被改建成为法国历史博物馆，《巴黎和约》《凡尔赛和约》等都是在此签订。凡尔赛宫是法兰西王朝的中心，如同一颗镶嵌在法国土地上的灿烂明珠。整个宫殿由城堡、园林、大特里亚侬宫、小特里亚侬宫及玛丽·安托瓦内特宫苑组成，宫殿内部装饰得富丽堂皇，五彩的大理石、巨型水晶灯，布满西式油画的圆顶，都彰显出凡尔赛宫的华贵，令每一个未曾去过的人心怀向往。

- **地址** Place d'Armes, 78000 Versailles
- **交通** 乘坐巴黎区域快线 RERC5 线在 Versailles-River-Gauche 站下车，行程约30分钟；也可在巴黎的蒙帕那斯火车站乘坐火车在 Versailles-Chantiers 站下车
- **网址** www.chateauversailles.fr
- **门票** 城堡15欧元，通票（城堡+花园）18欧元，有音乐喷泉时25欧元，门票包含免费录音解说
- **开放时间** 4~10月 9:00-18:30；11月至次年3月 9:00-15:30；元旦、劳动节、圣诞节不开放，如果遇到官方仪式，也会关闭
- **电话** 01-30837800

枫丹白露宫

枫丹白露宫(Le Château de Fontainebleau)原本是法国国王狩猎的行宫,后来被扩建成了法国最重要的一座大型皇家宫殿,因为其精致的建筑风格,1980年被联合国教科文组织列为世界文化遗产。枫丹白露宫虽然在内部装饰上比不上凡尔赛宫的雍容华贵,但其众多的古迹,使其成了法国一大热门旅游地。许多法国的国王都曾在这里居住过,在这里你可以看到法国各个时期建筑的精华。精致的建筑、绝美的风景、悠久的历史,值得人们认真地去观赏。另外,宫殿周围是一片树林,里面有各种可爱的小动物,野兔、小鹿、野猪等,是一个放松身心的好地方。

- **地址** Place du Général de Gaulle,Fontainebleau
- **交通** 从巴黎里昂车站搭乘前往蒙特涅(Montereau)方向的火车,在枫丹白露站下车,大约1小时可到
- **网址** www.rmn.fr
- **门票** 有两条线路可选择,大殿线路5.5欧元,包括文艺复兴展馆、皇帝寝宫、办公大厅、中国馆等;小殿线路3欧元,主要是拿破仑一世博物馆。每月的第一个周日免费
- **开放时间** 主厅9:30-17:00,周二闭馆;森林区:日出至日落
- **电话** 01-60715070

香波堡

香波堡是卢瓦尔河谷城堡群中规模最大的城堡之一,被法国人视为国宝,城堡在1981年列入世界文化遗产名录。香波堡融合了法国中世纪与意大利文艺复兴时期的创新建筑风格,建于1519年,是弗朗索瓦一世专门狩猎用的行宫,距今已有500多年的历史。城堡外部成片的森林盛产各种食材,有多种野生动物出没。城堡内部是一个宽敞明亮的大理石宫殿,宫殿内就是著名的"双旋梯",同时上下楼梯的人,可以互相看到对方,但身体不会碰到对方。香波堡皇家公寓的一层是弗拉索瓦一世的寝宫,内部装潢华丽精致,白底镶金的墙面,精美的锦织挂毯,非常值得观看。城堡顶端的露台,是当时王公贵族观赏庭院美景及竞技表演的地方,露台上还设有咖啡馆,你可以在这里喝一杯香浓的咖啡,欣赏周边的美景。

- **地址** Château, 41250 Chambord, France
- **交通** 从巴黎 Austerlitz 火车站乘坐火车到达 Blois-Chambord,转乘2路公交车前往香波堡
- **网址** www.chambord.org
- **开放时间** 9:00-17:00
- **电话** 02-5450400

tips

香波堡内的售票处可以免费领取语音导览器,含中文讲解。入口处还有纪念品商店,你可以在这里挑选一些香波堡主题的纪念品,也可以购买到当地特色的食物和葡萄酒。

雪侬索城堡

雪侬索城堡是卢瓦尔河上最美丽的水上城堡,因为历代主人都是女性,又被称作"女人堡",这里可以说是卢瓦尔河谷所有城堡中最精致、最具浪漫气息的城堡之一。整座城堡从外观上看起来非常纤巧精致,散发着浓郁的女性气息。除了主城堡,雪侬索城堡另外一个亮眼的建筑就是河上

的长廊，你既可以说它是廊也可以说它是桥，"水上城堡"也是因此得名。城堡两侧的花园就像点缀在女性发髻上的配饰，锦上添花，把城堡装点得非常美丽。

- 🏠 **地址** Chateau de Chenonceau, 37150 Chenonceaux
- 🚗 **交通** 从巴黎搭乘 TGV 前往 Saint-Pierre-des-Corps，转乘 TER 区域快线就可以到达雪侬索城堡
- 🌐 **网址** www.chenonceau.com/index.php/zh
- 💲 **门票** 成人 12.5 欧元，7～18 岁青少年 9.5 欧元，7 岁以下儿童免费
- 🕘 **开放时间** 9:00-18:30
- 📞 **电话** 02-47239007

法国其他宫殿和城堡推荐			
名称	地址	交通	网址
巴黎法国皇家宫殿（Le Palais Roya）	8 Rue de Montpensier, 75001	乘坐地铁 1 号线、7 号线或 14 号线到 Palais-Royal – Musée du Louvre 站下车可到	www.palaisroyal.monumentsnationaux.fr
巴黎爱丽舍宫（Elysée Palace）	55 Rue du Faubourg St-Honoré, 75008 Paris	搭乘地铁 9 号线到 Sain – Philippe-du-Roule 站，或搭乘地铁 1 号线、13 号线到 Champs-Élysées – Clemenceau 站下车可到	www.elysee.fr
布洛瓦的舍维尼城堡（Chateau de Cheverny）	41700 Cheverny, France	搭乘 TGV 高速火车到达 Vendôme 站下车，搭乘出租车前往舍维尼城堡	www.chateaucheverny.fr
昂布瓦兹皇家城堡（Amboise Royal Castle）	15 Rue de la Concorde, 37400 Amboise	搭乘 TGV 高速火车到 Saint-Pierre-des-Corps 站下车，搭乘出租车前往昂布瓦兹皇家城堡	www.chateauamboise.com/zh-cn

管家提示

法国的一些宫殿只有在特定的日期才开放，并且许多宫殿目前还是法国总统办公的地方，所以最好不要在宫殿外部徘徊，很容易被当地警察认为是有所图谋。

NO.4 教堂之旅

法国的教堂影响力甚远,它那独特的风格,高耸的尖塔,尖形拱门,大窗户及绘有圣经故事的花窗玻璃,曾长时间影响着欧洲建筑的风格,包括城堡、市政厅、大学、宫殿等。漫步在法国的各大城市,一定不要错过观赏各大教堂风采的机会。

过来人经验谈

Charles · 女 · 某公司职员 · 多亲子游经验

法国的教堂让我很痴迷,它们将哥特式建筑艺术发挥到了极致,高高的穹顶、华丽而精致的雕塑、彩绘的玻璃美到无法言语。教堂除了本身建筑美,而且颇具当地人的生活气息,多到教堂走走,心境也会平静下来。

巴黎圣母院

巴黎圣母院(Cathédrale Notre Dame de Paris)是巴黎天主教区的主教堂,也是法国哥特式建筑中最具代表性的一座。教堂面朝西,平面呈横翼较短的"十"字形,看起来非常对称,同时显得非常雄伟庄严。中央的拱形门上绘制的是耶稣在天庭中接受"最后的

审判"时的画面，教堂中祭坛、回廊、门窗等处独具特色的雕刻和绘画，以及大量的 13～17 世纪的珍贵艺术品使得巴黎圣母院闻名于世。圣母院的主立面水平与垂直比例近乎黄金比例，十分和谐匀称。

- **地址** 6Place du Parvis Notre-Dame，4e 75004 Paris
- **交通** 搭乘地铁 4 号线车在 Cité or Saint-Michel 下车；线路 1 号线、11 号线在 Hôtel de Ville 下车
- **门票** 免费；地下室 4 欧元；钟塔 8 欧元
- **开放时间** 8:00-18:45（周一至周五）；8:00-19:15（周六至周日）；每个月第一个周一和第三个周三 14:30 有免费中文讲解；地下室开放时间 10:00-18:00，周一和节假日地下室关闭，地下室关闭前半小时停止新的参观者进入；钟塔节假日关闭
- **电话** 01-42345610

圣心教堂

圣心教堂（Basilique du Sacre Coeur）位于蒙马特高地，也是巴黎的最高点，是一座典型的拜占庭式的白色大教堂。教堂建于 1876 年，于 1919 年正式建成，在教堂内可以俯瞰到大半个巴黎。教堂内有三个白色的圆顶，具有罗马式和拜占庭式建筑相结合的独特风格。教堂内还有很多浮雕和壁画，极具东方情调。圣心教堂的后方有一座雅致的钟楼，楼内有一只萨瓦钟，据说该钟是世界上最大的钟之一。

- **地址** 35 Rue. du Chevalier de la Barre
- **交通** 乘坐地铁 2 号线至 Anvers 站、4 号线至 ChateauRouge 站或 12 号线 Abbesses 站下车步行可到
- **门票** 成人 5 欧元，25 岁以下 2.5 欧元
- **开放时间** 夏季 9:00-18:45，冬季 9:00-17:45
- **电话** 01-53418900

tips

1. 晚上来到圣心教堂绝对是种不一般的体验，白色的教堂在夜幕下显得非常漂亮，教堂内的灯光和码头上的灯光交相辉映，非常美丽。

2. 来圣心教堂玩一定要挑一个好天气。天气好的时候，教堂周围的空气也非常清新，是一个放松心情的不错去处。

PART 7 法国主题游精选

圣赛芙韩教堂

圣赛芙韩教堂（Église Saint – Séverin）坐落于巴黎北部塞纳河左岸旁，离巴黎圣母院不远。教堂的外表上虽然并不起眼，但却被人们称赞为"巴黎最美的哥特式教堂"之一。教堂内布满了15世纪末和16世纪初的彩绘玻璃及让·巴赞（Jean Bazaine）的现代抽象彩绘玻璃。在昏暗光线的衬托之下，这些彩绘玻璃充满了震撼力，让人为之肃穆。名画家卢奥治·路阿（Georges Rouault）的耶稣基督受难图系列是小礼堂中最瞩目的一道景观。

- **地址** 1 Rue. des Prêtres Saint Séverin 75005 Paris
- **交通** 乘坐地铁10号线在Cluny-La Sorbonne站下车；4号线在Saint-Michel站下车
- **电话** 01-42349350
- **开放时间** 周一至周六 11:00-19:30；周日 9:00-20:30

圣厄斯塔什教堂

圣厄斯塔什教堂（Eglise St-Eustache）是巴黎仅次于圣母院的第二大教堂，建立于1532年。教堂不仅拥有哥特式及古典式的建筑结构及设计，同时还搭配了文艺复兴式的装饰。真正让圣厄斯塔什教堂出名的并不是因为它的规模，而是有很多历史人物与其有着关联，如李斯特在此首演了《大弥撒曲》，莫里哀在此受洗，路易十四在此进行第一次圣餐仪式，柏辽兹在此观赏了由950名音乐家演奏他的作品《感恩赞》等。

- **地址** 2 impasse St-Eustache
- **交通** 乘坐地铁4号线在Les Halles站下车，向西步行可到
- **开放时间** 9:30-19:00
- **网址** www.st-eustache.org   **电话** 01-42363105

圣奥古斯丁教堂

位于巴黎的"小波兰"区内的圣奥古斯丁教堂（Eglies St Augustin）兴建于 1860 年到 1871 年，由建筑师维克多·巴尔塔德（Victor Baltard）主持设计建造，整体呈折衷的拜占庭式建筑风格，是巴黎第一座大规模使用金属结构的建筑。教堂的花窗玻璃上描绘了 1 世纪的主教和殉道者，同时教堂立面上装饰着的四个福音传道者的雕像，也是其一大特色。

- **地址**　46 Boulevard Malesherbes
- **交通**　乘地铁 9 号线在 Saint-Augustin 站下车，向北步行可到
- **开放时间**　8:30–19:00；周日中午至 14:00
- **电话**　01-45222312

法国巴黎其他教堂推荐

名称	地址	交通	开放时间	电话
圣日耳曼德佩教堂（St Germaindes-Pres）	3 Place Saint Germain des Pres	乘地铁 4 号线在 Saint Germain des Pres 站下可到	8:00–19:00	01-43254171
玛德莲教堂（Eglies de la Madeleine）	Place de la Madeleine	乘地铁 8、12、14 号线到 Madeleine 站下可到	9:00–19:00	01-44516900

管家提示
法国的教堂内部都不允许大声喧哗，所以在游览教堂时一定要注意。

Part 8
突发情况 从容应对

NO.1 物品丢失

👤 过来人经验谈

 我没钱可我想旅行·女·旅游撰稿人·想要走遍全世界的文艺女青年

出门在外，重要的东西一定要收好，尤其是能够证明你身份的有效证件，虽然补办不是非常麻烦，但还是会给美好的旅程带来一抹阴影。

 Gexi 有选择恐惧症·女·法国留学生·独自生活在法国的高中生

因为留学期间一直花的都是父母的血汗钱，所以每次出门都非常小心。每次出去玩都会带一个腰包，把钱包、信用卡等物品放在里面，既安全又实用。

★ 护照丢失

1 第一时间到当地警察局挂失

如果确定护照丢失，一定要尽快去法国当地的警察局报案挂失，挂失后工作人员会给你一张护照丢失证明，该证明是办理旅行证或补办护照的必备材料之一。报警的时候可以直接到警察局报案，也可以拨打当地的报警电话，一般当天即能拿到警察局的证明。

2 备好相关文件

准备好一份"普通护照申请表"，近期拍摄的2寸照片2张，以及警察机关发给的报案证明。

3 申请补办护照或旅行证

在遗失护照后，到中国驻法国大使馆或领事馆补办护照或旅行证才能回国。旅行证是和护照等同大小的蓝本，除个人信息外都是空白签证页。一般空白旅行证只能做回国使用，必须和护照复印件及所在国警方出具的护照丢失证明共同使用。需要注意的是，持临时证件的人士不能从香港入境。

tips

1 发现护照不见的时候，首先回想一下出行的路线，是否遗失在车上、餐厅或酒店内，如果在这些地方丢失，找回的可能性比较大。如果及时发现护照丢失，应立即沿路返回寻找，一般小偷只对钱感兴趣，护照等证件则会随手丢在附近。寻找的时候一定要着重寻找附近的垃圾桶，你的证件很可能被丢弃在里面。另外，护照丢失后应及时联系现场的警察和工作人员，请他们帮忙寻找。

2 只出示空白旅行证，上面并无特殊说明，查证件人仍然会认为你持有的是空白护照，如无警方出具的护照丢失证明，仍然会被认为是持空白护照非法入境。因此，警方出具的护照丢失证明不可丢失。

3 出国前将相关身份证明先做好备份，并随身带上复印件。最好的办法是将身份证、护照首页和签证页、户口本、机票行程单拍照，备份在邮箱中。

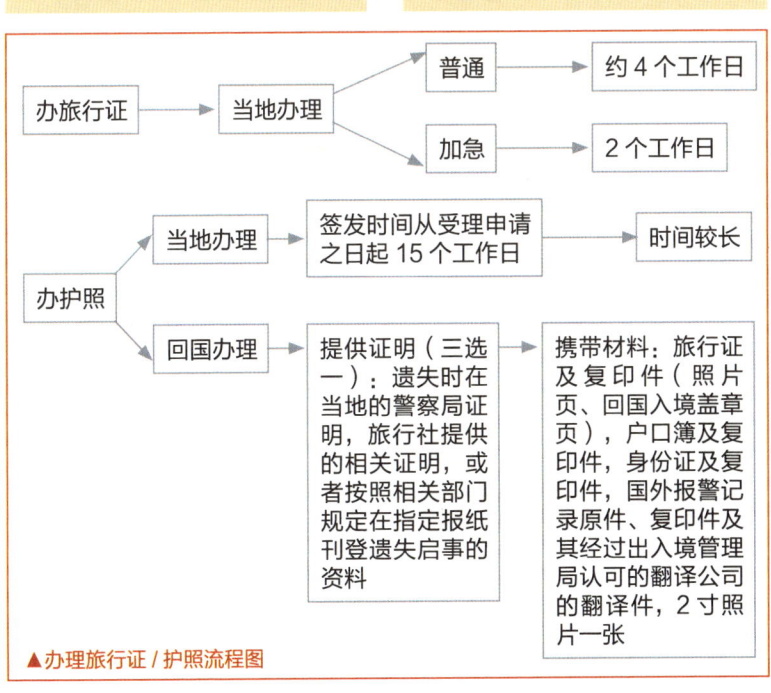

▲办理旅行证/护照流程图

★ 信用卡丢失

1. 拨打电话挂失

出国前,提前记下发卡银行的海外24小时紧急支援电话,信用卡丢失后,立即打电话给发卡行办理挂失,也可以将地址告知发卡行,让他们将补办的信用卡邮寄过来,一般一周左右就可以收到。如果不着急,也可以等回国后再申请补发信用卡。

2. 紧急取现

每家信用卡发卡行紧急取现金额上限不同,仅限一次。

3. 当地补卡

你可选择在当地补卡,问清补发所需时间和手续,并告知工作人员你在法国的居住地址,一般办卡时间为1~2天。

4. 紧急补卡

如果身边没有多余的钱,也可以到指定的当地发卡机构领取紧急替代卡,紧急替代卡只可以进行一般消费,不能取现,有效期一般为两周至一个月。

tips

1 出发前把发卡金融机构的名称、客户服务电话号码,以及信用卡账号记录下来,以便需要时翻查。

2 紧急取现和紧急补卡都要收取服务费。VISA 和 MasterCard 金卡在境外补发替代卡时不收服务费,普通卡则需收取一定的服务费。

信用卡丢失后应该怎么做

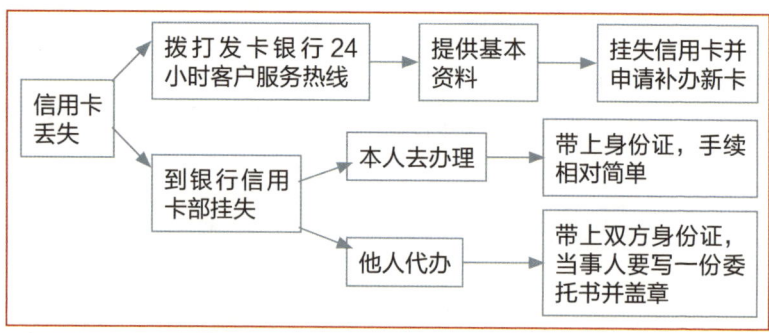

★ 行李丢失

1. 在飞机上丢失

如果你的行李是在飞机上丢失的,应立即找工作人员协助帮忙,查看是否是别人拿错了行李,如果确定不是被别人拿错,那就尽快对行李进行遗失登记,填写行李遗失表,填表时一定要尽可能详细地写清楚行李箱中的物品及所值金额,最好保留一份副本，如果行李在3天内仍然没有找到，航空公司会按照规定给予相应的赔偿。

2 在饭店或汽车、火车上丢失

如果你的行李是在饭店或汽车、火车上丢失或被窃，首先应联系相关的工作人员，让他们给你开一个丢失证明。不过一般来说，在汽车、火车上丢失物品找回的可能性是非常小的，而且他们也不会给你提供赔偿，所以一定要看管好自己的行李。如果住在酒店，出门游玩的时候最好把重要的物品随身携带，以免造成不必要的损失。

★ 机票丢失

1 机票挂失

在国内机票丢失，可直接打电话到对应的航空公司挂失，然后到柜台换领新的机票；在法国丢失，可到航空公司在当地的办事处办理替代机票。如果是电子客票，则无须挂失，可凭身份证或护照直接登机。

2 补办机票

带原机票复印件到对应的航空公司在当地的办事处办理挂失和补开替代机票。

3 申请退费

若没有原机票复印件，可以另外买机票回国，回国后再到原航空公司填写遗失机票挂失申请单。如果遗失的机票没被盗用，一定期限后，可向航空公司申请退费。

> **tips**
>
> 到法国前，可将所有航程的机票复印一份或存在邮箱里，随身携带的复印件与正本分开放。只有遇到机票遗失的情况，才能找航空公司补发替代机票。

★ 遇到小偷

若遇到了被偷或被抢的情况，可向当地警察报案或请酒店柜台工作人员找警察来处理，申请被偷或被抢证明，便于向保险公司申请理赔。如果在街上遇到这种情况，不要试图与小偷搏斗或去抓小偷。

 管家提示

在法国旅行期间，最好准备一个皮夹，把身份证、护照等证件放在里面，以免丢失。在景点游玩时，若发现个人贵重物品丢失，应先在四周找一找，若实在找不到再去警察局报案。

NO.2 身体不适

过来人经验谈

Gexi 有选择恐惧症·女·法国留学生·独自生活在法国的高中生

这次出行，最不幸的事就是我来到法国的第二天突发阑尾炎，当时身边没有同伴，我就自己走到医院，然后就休克了。直到我做完手术，没有人向我索取医药费，拿药、化验等流程全部由护士帮我完成。对此我非常认同，医院本来就该有自己的业务流程，而不应该把这些转嫁到病人身上。

★ 说说法国医疗

由于时差或饮食的关系，刚到法国可能会出现水土不服、头痛、胃痛、失眠及感冒等症状。熟悉法国的医疗体系，有利于及时解决旅途的病痛问题。法国被世界卫生组织评选为"世界上医疗保障最好的国家"。法国的医院包括私立和公立两种，医疗是开放的，每个人都可以自由选择地医生。不过建议找与政府有协议的医生，一般公立医院对待病人更加热心，医生的技能更加熟练。

在法国看普通病

1.若需要找会讲中文的医生

一般在法国比较大的城市内，医院都会提供翻译服务，非常方便。如果医院不提供翻译服务，也可以

在当地的电话黄页上查找医生信息，或者让你所投保医疗保险的保险公司提供能讲中文的医生的信息。

2. 预约

看病时需要与医生预约就诊时间。

3. 付费

看病后可能需要先支付医疗费，然后去保险公司报销，一定要保存好收据。

在法国急诊

1. 发生有生命危险的急诊

可打急救电话115或者112叫救护车，接线的医务人员会根据你提供的情况决定是否派救护车，或建议你去合适的医院。到达急诊科后先由急诊护士按病情轻重分类，然后由医生处理。

2. 没有生命危险的急诊

可自行前往附近医院的急诊中心，注意不是每家医院都设有急诊和外伤科，所以你最好事先打电话向医院核实一下。公立医院一般设有急诊和外伤中心，而私立医院不接受急诊和外伤的病人。急诊服务并不免费，最好带上医疗保险证明，看病之后可以由保险公司支付相关费用。

> **tips**
> 如果自身有些慢性病，一定要带足药，并且携带英文的诊断书。如果发病，当地的医生可以根据诊断书尽快做出诊疗。如果病情比较严重，可以向酒店的工作人员求助，尽量安排在就近的医院就诊。

法国主要旅游城市的医院相关信息			
城市	医院	地址	电话
巴黎	Hôpital de l'Hotel-Dieu	1 Parvis Notre-Dame - Place Jean-Paul II, 75004 Paris	01-42348234
	Pitié-Salpêtrière Hospital	47-83 Boulevard de l'Hôpital, 75013 Paris	01-42160000
	LARIBOISIERE	2 Rue Ambroise Paré, 75010 Paris	01-49956565
里昂	Hôpital Édouard Herriot	5 Place d'Arsonval, 69003 Lyon	0825-082569
	Hôpital Saint-Jean de Dieu	290 Route de Vienne, 69008 Lyon	04-37901010
马赛	Hôpital Privé Clairval	317 Boulevard du Redon, 13009 Marseille	0826-666968

★ 买药方式

法国的药店（Farmacia）比较多，以绿十字为标志，可凭借医院医生出具的处方购买药物。药房的营业时间通常在周一至周六的9:00-20:00，周日和节假日不营业。在法国的各地区医生和药房实行轮流值班制度，每个地区都有值班药房（pharmacie de garde）。每个药房在关门后都会在橱窗贴出附近的值班药房的信息。也可以通过当地的警察局或者报纸查询值班药房的信息。法国药品分类和国内是一样的，分为处方药和非处方药。处方药需要凭法国的医生出具的处方（ordonnance）才可以购买，非处方药如一般感冒药、去痛片等则不需要。

★ 食物中毒

如果只是轻微食物中毒，可先试着喝大量水，清理肠胃，症状差不多结束之后，再吃点止泻药。若比较严重，可请求别人帮忙，到附近社区的诊所或医院就诊。

★ 普通感冒

在去法国前，可以准备一些常见的治疗感冒的药品。出现感冒症状时，可先吃药缓解下，再好好睡上一觉，补充体力。

★ 突发疾病

可求助身边或附近的人员，帮忙叫救护车或前往附近的医院，尽量安排就近就医。若为慢性病发作，在国内需提前准备并携带英文诊断书，让当地医生尽快诊治。

管家提示

出国旅行前，应准备一些药物放入行李箱内。若在法国旅行期间发生感冒、咳嗽等疾病，你可以直接把自带的药品拿出来吃。但若发烧太严重，你需要拨打急救电话前往医院诊治，切不可轻视发烧这个问题。

NO.3 其他突发事件

过来人经验谈

Miss_Ho 同学·女·学生·喜欢一个人去旅行

上个月和老妈去法国旅行,明显感觉到她不适应那边的气候和饮食。在国内,她很少到外面的餐馆吃饭,总是自己在家做一些清淡的食物吃。到法国的第二天,我带她去法国的动物园看小动物,当时天气很热,她中暑了,看她很难受的样子,我就带她回旅馆休息。还好,我们随身携带了防暑药,给老妈吃了药后,她好多了。

叶刀和阳光·女·某公司职员·注重旅行质量

我的父母都很喜欢旅行。今年春天,我抽出一些时间带他们去法国游玩。除了逛一逛法国当地的景点,我还带他们去很多小吃店品尝美食,他们对当地的食物很满意。今后若有时间,我还会带父母去法国旅行,让他们在晚年也能享受旅行的乐趣。带老年人出国旅行,一定要随时陪伴在老人左右,照顾老人。若老年人遇到迷路,后果很严重。

★ 公共厕所的那点事

法国的街道上有一间一间像电话亭似的公共厕所,按钮后即可进去使用,每次时长为 15 分钟,时间到会自动开门,所以控制好时间是在法国上厕所的首要之事。街道上还有 "Tolittes" 的蓝地白字招牌的公共厕所,有些需要付些小费。

大型地铁站有免费公共厕所。火车站内的公共厕所则需要收取 0.5 欧元

的费用。景区内的公共厕所，大部分是免费开放的，但是也有一些是收费的，收费标准一般为 0.5 欧元。

★ 迷路了怎么办

在旅途中迷路，不要盲目前行，解决的最好办法是主动问路。问路对象建议选择警察、附近商家，也可以选择学生等，要礼貌地询问。如果带有地图或指南针，可先大概确定自己的方位和住宿方向，查看附近有无标志性建筑或相符的地理特征。此外，迷路了还可以直接打车到入住酒店。单身旅行者或几个人结伴旅行时，建议不要在大街上把地图摊开进行研究，容易成为坏人尾随的目标。

 管家提示

在法国旅行期间，若迷路了一定不要四处乱跑，最好停留在原地，向身边路过的人问路。若你不会讲法语，恰巧英文也说得不流利，那么你可以把问路的话写在一张纸条上，把写好的纸条递给过路人。需要注意的是，开头应先写一句："Can you help me？（你能帮助我吗？）"

专题：带小孩游法国

在法国，带孩子享受完美味的法国大餐之后，让他们拿一个冰激凌，就可以开启美妙的法国之旅啦。

★ 签证

1 父母与孩子同行
18岁以下未成年人与父母双方同行，除了需提供父母护照及签证页复印件等基本资料外，还需提供未成年人出生公证书（中法文对照，必须有孩子照片），同时上边注明亲属关系。

2 父母一方与孩子同行
与父或母一方同行，需提供未成年人出生公证书，未能同行的父亲或母亲需提供未成年人出行同意书。

3 不可单独出行
最好不让孩子与父母以外的非直系亲属同行，更不可让他们单独出行。

★ 机票

国内航空公司规定婴儿必须出生满14天后才能登机，以免呼吸器官无法适应。购买婴儿票须告知出生日期，婴儿票一般是正价的10%，免收燃油附加费和民航发展基金，没有座位。已满2周岁未满12周岁（以起飞日期为准）的儿童，按同一航班成人普通票价的50%付费，有座位。

1 座位选择
换登机牌时，提前声明自己带有孩子。带孩子最好坐在靠边的位置，可把毛巾放在前面的地板上，让孩子在上面玩耍。

2 儿童或婴儿餐

部分国际长途飞机提供儿童或婴儿餐,但需要在购票时说明。

3 生理安全

起飞和降落时,小孩耳膜容易受影响,可给小孩喂奶、喝水、吃东西等,尽量让小孩张开嘴,让耳膜受气压平衡就好。

4 整理清洁

若小孩需要换尿布,一定要带去卫生间处理,飞机两边的厕所都带有婴儿更换尿布的放板。

5 随身携带物品

带好婴儿食品,以备不时之需;飞机上较干燥,带上湿纸巾。如果怕小孩哭闹,可以准备小孩平时喜欢的图画书或不出声的玩具,还可以准备一些小孩喜欢吃的零食。

> **tips**
>
> 多数航空公司规定,2岁以下的婴儿按成人票价的10%收费,免收燃油附加费与民航发展基金。已满2周岁未满12周岁的儿童按同一航班成人普通票价的50%付费,加上民航发展基金的50%,提供座位。另外要注意,孩子享受五折票价是固定要求,有时候成年人买票时享受了二折优惠,而孩子还是得按照五折来付费。

★ 住宿

预订法国住所时,可选择酒店、家庭旅馆、民宿等,酒店房间一般有两张床,适合父母带着孩子一起入住。有的酒店还会提供付费的婴儿床。有些酒店,对于未满12岁的儿童可以安排"儿童免费入住"。如果选择民宿,在预订时要询问是否允许儿童入住。

★ 游玩

1 时间选择

对孩子来说,要考虑到孩子的身体未完全发育,抵抗力不强,所以出行旅游应该尽量避免寒冷的冬天和炎热的夏季,春暖花开的时节最适合带领孩子外出旅游。此外,出行要考虑到孩子的体力问题,旅游时间不宜过长,建议以10~15天为宜。

2 线路设计

设计线路时候要考虑行程尽量轻松,不能让小孩子过于疲劳。在行程中尽量安排一些有趣的旅游点。如果天气不好,可安排到博物馆等室内场所游览。如果租车自驾游,儿童要坐安全座椅。

3 适合孩子游玩的地方

对于孩子来说,玩耍永远是天性,所以主题公园和游乐场一定是首选，但是在游玩之中，学习一定的知识也是非常重要的，参观博物馆对孩子的认知会有很大的帮助。下面介绍法国最适合孩子游玩的景点。

适合孩子游玩的十大景点	
景点	简介
罗浮宫	带孩子学习最好的方法便是去看博物馆，有着世界上最大、最古老的博物馆之称的罗浮宫应是最先前往的地方。这里诸多的收藏品、精美的装饰、浓厚的艺术气息，将使孩子感受艺术的魅力，更能在不知不觉中学到很多知识
巴黎歌剧院	这家著名的歌剧院是世界上最大的抒情剧场，它拥有最宽阔的演出殿堂，最精致豪华的装饰，上演最高质量的剧目，如果有时间的话，就带孩子在这里看一场演出吧，对他来说那将是最为难忘的经历
蓬皮杜文化中心	这是一个与罗浮宫、奥赛博物馆齐名的地方，一个全面展现了法国文化及历史的地方，这里经常会有各种展览会、文学及哲学讨论会和各种演出活动，在这里孩子将有机会感受法国文化，更深刻地了解法国
巴黎迪士尼乐园	游乐园永远都是孩子们的最爱，到了法国，又怎能不游览著名的巴黎迪士尼乐园呢？它可是欧洲的第一座迪士尼乐园，有诸多的主题乐园、各种主题特色活动，这一切对孩子来说，无异是一个梦幻的世界，他将在这里感受最为纯真的快乐
凡尔赛宫	这座美丽的宫殿是欧洲历史上最大、最豪华的皇宫，拜访这样一座知名的建筑对孩子来说应该是非常期待的事情吧。你可带他在宫殿内游览，向他讲述宫殿的历史，孩子一定会为其美丽、巨大而惊叹的，并能在不知不觉中开阔眼界、学到知识
太空城	孩子对太空都是抱有无限好奇与浓厚兴趣的，想要带他探索太空的奥秘，了解更多的宇宙知识，就到图卢兹郊外的太空城来吧！在这座与宇宙相关的主题公园内，孩子们才能看到53米高的阿丽亚娜火箭全尺寸模型及各种精彩展览，这无疑将会给他留下深刻的印象
欧洲议会大厦	如果你有机会到斯特拉斯堡的话，不可错过带孩子参观欧洲议会大厦的机会。你可告诉他这是欧洲议会的成员们召开会议的地方，并带他参观议会大厦的内部，向他讲述有关欧洲议会及欧洲文化、历史的相关知识，相信他会收获很多
圣内贝泽桥	一座桥，一段历史。这座著名的断桥是一个被列为世界文化遗产的地方，是阿维尼翁的象征。带孩子一起在这里看世界文化遗迹，感受历史沧桑，欣赏阿维尼翁的景色，同他讲述桥的历史及传说，将是一次很好的学习之旅

续表

景点	简介
普罗旺斯薰衣草博物馆	到法国一定要孩子去看美丽的薰衣草田野,而后带他来这个薰衣草博物馆,在这里了解提炼薰衣草精油的过程,看各种薰衣草制成品,走进薰衣草的世界。你们将一同了解薰衣草,收获关于薰衣草的知识
伊斯	最美的海,最真的山,最宽阔的视野,这是一个360°的海景与山景完美融合的地方,有着法国南部最美丽的景色。这么美丽的地方,怎能不带孩子去见识?欣赏景色及古老的建筑,相信这一切都会让他印象深刻

4 享受折扣

法国很多景点的门票都对儿童都有一定优惠,有些景点和游玩设施还提供家庭套票,比单买划算。大多数的景点对4岁以下的儿童免费开放。

tips

1 注意交通出行安全

在上下车拥挤时一定要看护好孩子,以防孩子被挤伤或碰伤;儿童乘车必须坚持使用儿童安全座椅,还需系上安全带;在自驾出行时,不要让孩子靠近打开的车窗;教孩子一旦被反锁在车里,要学会以尖叫或大喊的方式报警。

2 游玩安全事项

在玩儿童过山车等大型运动玩具之前,一定要告诉孩子,中途千万不要站起来,也不能解开安全带。

3 告诉孩子迷路了该怎么办

告诉孩子不要跟随陌生人走,如果感觉自己无法摆脱陌生人,可以趁其不备向人多的地方跑;要让孩子知道家人的电话号码,教会孩子怎样找到公用电话、怎样打电话,必要时还可以寻求警察叔叔的帮助;在孩子身上放一张家长联系卡。

4 给孩子准备一部手机

给孩子准备一部只能打电话、发短信的超长待机手机,并教会孩子使用,手机里面存上父母的联系方式、中国公安局、法国警察局的电话,让孩子多次练习从法国往中国拨打的办法,万一孩子打不通法国的电话、听不懂英语或法语,这种办法能救孩子。

★ 饮食

出门前建议准备适合小孩用的抗感冒、退烧、止咳、止泻等常用药,最好准备一支体温计。饮食方面,尽量选择偏清淡不油腻的食物。

专题:
陪老人游法国

★ **签证**

老年人办理法国签证,需要以下材料:

(1)护照原件(如有旧护照请提供);

(2)两张两寸白底彩照;

(3)身份证正反面复印件及户口本原件;

(4)近半年银行的流水账单(最重要);

(5)房产证复印件(有汽车行驶证请尽量提供);

(6)结婚证复印件;

(7)申根旅游保险;

(8)真实的酒店订单,此次旅行的行程安排单,真实的航空票订单。

tips

1. 出门前检查身体状况

老人出门旅游,更要根据具体状况,提前做好身体准备。即使是身体状况较好的老人,也建议在出门前进行一次常规体检;如果患有慢性病的老人,出游前可拜访一下医生,让医生鉴定自己的身体状况是否适合出游。

2. 携带常用药

出门在外,生活习惯有所改变,容易引起身体不适。老人如患有高血压病、糖尿病、冠心病等,要带好必要的药品。此外,还可带一些防止晕车、晕船和止泻、消炎、通便的药等。

PART 8 — 突发情况从容应对

★ 住宿

在法国住宿，可选择酒店、公寓、民宿等，预订时可询问酒店是否有电梯和早餐。入住时，尽量让工作人员安排安静、整洁的房间。老人夜间要有陪伴人员同住，房间最好是两铺位的标准房，不宜住在人多声音嘈杂、干扰睡眠的地方，保证能得到6～7小时的安睡。

★ 游玩

1 时间选择

对老人来说，寒冷的冬天和炎热的夏季都不太适合外出旅游，春暖花开的时节最适合老人旅游。此外还要注意，旅游时间不宜过长，建议以7～12天为宜。

2 行程安排

旅游会打破老人平时的作息习惯，还要适应法国的时差，在行程安排上不宜太紧凑，以舒适、慢节奏为主。选择目的地时，除了老人感兴趣、没去过的新鲜地方外，还要考虑目的地的气候、地理条件、舒适度等要素。老人宜多逛古老建筑与博物馆等市内景点，少安排一些登高涉险的活动。对身体比较好的老人，可适当安排一些难度不大的泛舟、徒步项目。

3 推荐游玩地

对于老人来说，轻松愉快的游玩地无疑是最佳的选择。在法国，这样的经典景点数不胜数，例如，巴黎博物馆通票可在规定期限内无限次浏览巴黎市区及近郊的60多个博物馆和名胜古迹，就是一个绝佳的选择。对于老人来说景点又轻松，观赏的景观又对胃口。下面介绍法国最适合老人游玩的景点。

适合老人游玩的十大景点	
景点	简介
罗浮宫	这是一个古老、美丽极富内涵的地方，它早已名冠全球，相信老人也早已对它是有所耳闻了。这里有富丽堂皇的装饰，包括雕塑、绘画、美术工艺品等在内的各种收藏品，记得要带老人看罗浮宫"三宝"，与他们一起品味这座宫殿的魅力
枫丹白露宫	这里留有诸多法国国王的足迹，这使枫丹白露宫具有了与众不同的深刻内涵。法国各时期的建筑风格在这里完美体现。那美丽的风景，悠久的历史，令人回味，值得细细感受
巴黎圣母院	它是古老巴黎的见证，巴黎的历史与沧桑都可在这里得以一窥究竟，雨果的小说赋予了它另外的意义。何不带老人来这里，无论是欣赏美丽的建筑，感受深厚的历史，寻找雨果笔下钟楼怪人的足迹，还是登上南塔，俯瞰塞纳河美景，都是值得一做的事情

续表

景点	简介
凯旋门	它是巴黎的地标性建筑,它大气、雄伟,是到巴黎必须要去的地方。你可和爸妈一起在这里拍照留念,回味它的历史,然后到上面去看巴黎风景,或者漫步周围的街道,相信爸妈一定会有所感慨
先贤祠	这是一个纪念法国历史名人的地方,72位曾为法国做出非凡贡献的名人在这里安息。那美丽的装饰,特殊的意义,都使它成为值得一看的地方。和爸妈一起在这里寻找名人,追忆历史,无疑是最合适的事情
题德多公园	里昂的这个公园可是法国最大、最美的公园,被称为"氧吧""绿色心灵"。漫步公园内,到处都是各色植物、美丽鲜花,清新的环境以及各种休闲设施,使它成为最适合休闲放松的地方。带老人一起来这里放松吧
隆夏宫	这里曾是拿破仑三世的行宫,是马赛历史的见证。这里保留有昔日精美的雕塑,尤其是它那犹如鸟儿展开双翅般的外观令人印象深刻。你可和爸妈一起在这里欣赏建筑,回味历史,回忆马赛昔日的繁华
尼姆竞技场	这是世界上迄今为止保存最为完整的斗兽场,也是古迹城市尼姆最为著名的景点,重大的历史意义也使得它具有了非凡的地位。现今用作剧院的竞技场仍是昔日的雄伟、高大,带爸妈一起走进竞技场,在顶层看尼姆风光,感受尼姆历史
米迪运河	这条美丽的运河是一个被列为世界文化遗产的地方,这里只有流淌的河水,高大的树木,环境清静、自然,充满诗情画意。带爸妈散步于两岸,或者在河中划船,看周边风景与行人,可感受最真实的法国南部的风土人情
尼斯老城	这是一个展示尼斯历史的地方,这里有很多巴洛克风格的建筑。安静地漫步于老城,穿行于小巷,无论是看建筑,或者坐在一家咖啡馆喝咖啡,都可感受这里悠闲、安静的生活气息和情调

4 享受优惠

老年人前往法国旅游,有各种优惠可享受。不少航空公司、法国的旅游景点等,票价对老人都有特别的优惠。

★ 饮食

老人在外旅游,饮食应以清淡为主,多吃蔬菜水果。对法国各地的特色美食,以品尝为主,不宜吃太多。吃海鲜时,肠胃不好的老人要谨慎。若吃不习惯当地的菜肴,可到中餐馆吃中餐。

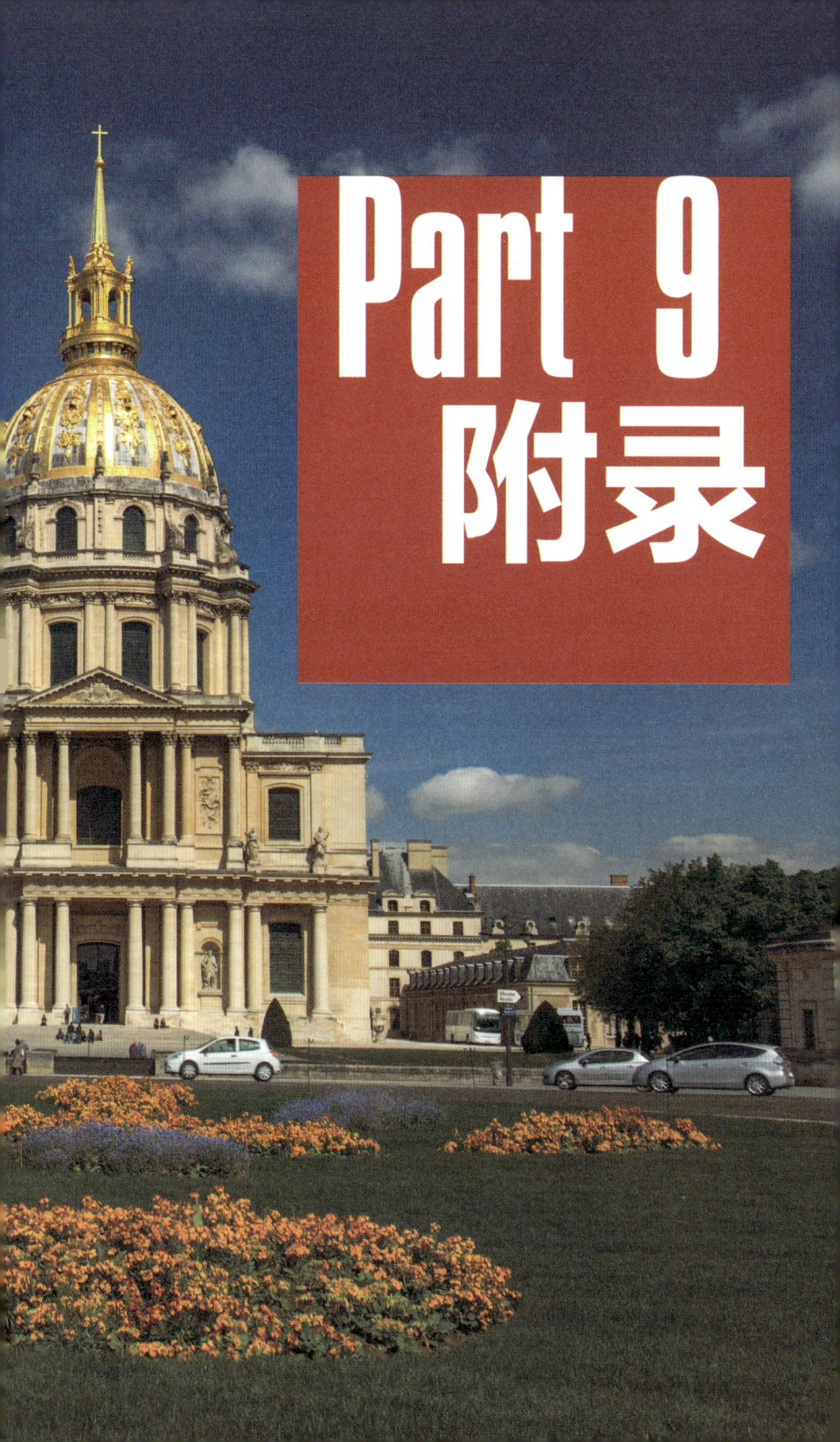

Part 9
附录

★ 应急电话

法国应急电话			
名称	电话	名称	电话
报警电话	17	夜间护士中心	0145774050
救护车	15	药品中心紧急电话	0148746518
消防车	18	心脏病急救电话	0147075050
中毒急救中心	0140054848	牙科急救电话	0143363600
药物信息中心	0800231313	临时收容中心	0800306306
急症医生中心	0147077777	虐待儿童紧急投诉电话	119
电力突发事故电话	0801131333	国际药品急救电话	0155875555
煤气突发事故电话	0801131433	自杀急救电话	0140503434
动物急救中心	0147460909	强暴急救电话	0801555500

★ 中国驻法国使领馆

中国驻法国使领馆				
名称	地址	电话	网址	交通
驻法国大使馆	11 Avenue George V，Paris	01-49521950	www.ambchine.fr	乘地铁9号线在Alma-Marceau站下车，向北步行即可
驻马赛总领事馆	20 Boulevard Carmagnole, Marseille	04-91320001	marseille.chineseconsulate.org	乘地铁2号线在Rond-point du Prado站下车，出站后沿Prado大街朝海边方向走，约6分钟可到
驻斯特拉斯堡总领事馆	4 Rue. Eugène Carrière, Strasbourg	03-88353234	—	乘坐15路或15路A公共汽车在Quartier des Quinze站下车可到
驻里昂总领事馆	26 Rue. Louis Blanc, Lyon	04-37248307	lyon.consulatchine.org	乘坐地铁B线在Gare Part-Dieu站下车

★ 法国主要城市旅游局

法国主要旅游局信息

名称	网址	电话	地址
巴黎旅游局	www.arisinfo.com	01-49524263	25 Rue. des Pyramides, Paris
鲁昂旅游局	www.mairierouen.fr	02-32083240	25 Place de la Cathedrale, Rouen
斯特拉斯堡旅游局	www.otstrasbourg.fr	03-88522828	17 Place de la Cathedrale
里昂旅游局	www.lyonfrance.com	04-72776969	Place Bellecour, Lyon
波尔多中心旅游局	www.bordeauxtourisme.com	05-56006600	12 Cours du 30 Juillet, Bordeaux
图卢兹旅游局	www.toulousetourisme.com	05-61110222	Donjon du Capitole, BP 38001
马赛旅游局	www.marseilletourisme.com	04-91138900	4 La Canebiere, Marseille
尼姆旅游局	www.ot-nimes.fr	04-66583815	6 Rue Auguste, 30020 Nîmes Cedex 1, Nimes
阿维尼翁旅游局	www.avignontourisme.com	04-32743274	41 Cours Jean Jaures BP8, Avignon
尼斯旅游局	www.nicetourisme.com	0892-707407	BP 4079, Nice

★ 法国的世界遗产

法国的世界遗产名录

中文名	英文名	列入时间	类别
沙特尔大教堂	Chartres Cathedral	1979年	世界文化遗产
圣米歇尔山及其海滩	Mont-Saint-Michel and its Bay	1979年	世界文化遗产
凡尔赛宫及其园林	Palace and Park of Versailles	1979年	世界文化遗产
韦泽尔峡谷史前遗迹与岩画洞穴群	Prehistoric Sites and Decorated Caves of the Vezere Valley	1979年	世界文化遗产
韦兹莱，教堂和山丘	Vezelay, Church and Hill	1979年	世界文化遗产

续表

中文名	英文名	列入时间	类别
亚眠大教堂	Amiens Cathedral	1981年	世界文化遗产
阿尔勒的古罗马和罗马式古迹	Arles, Roman and Romanesque Monuments	1981年	世界文化遗产
丰特莱的熙笃会修道院	Cistercian Abbey of Fontenay	1981年	世界文化遗产
枫丹白露的宫殿和园林	Palace and Park of Fontainebleau	1981年	世界文化遗产
奥朗日的古罗马剧院及其周边建筑和凯旋门	Roman Theatre and its Surroundings and the "Triumphal Arch" of Orange	1981年	世界文化遗产
从萨兰－莱班大盐场到阿尔克－塞南的皇家盐场，敞锅盐的制备	From the Great Saltworks of Salins-les-Bains to the Royal Saltworks of Arc-et-Senans, the Production of Open-pan Salt	1982年 2009年扩展范围	世界文化遗产
加尔唐普河畔圣萨文修道院教堂	Abbey Church of Saint-Savin sur Gartempe	1983年	世界文化遗产
波尔托湾：皮亚纳的狭窄湾，基罗拉塔湾，斯康多拉保护区	Gulf of Porto: Calanche of Piana, Gulf of Girolata, Scandola Reserve	1983年	世界文化遗产
南锡的斯坦尼斯拉斯广场、卡里埃勒广场和阿莱昂斯广场	Place Stanislas, Place de la Carrière and Place d'Alliance in Nancy	1983年	世界文化遗产
嘉德水道桥	Pont du Gard (Roman Aqueduct)	1985年	世界文化遗产
斯特拉斯堡—大岛	Strasbourg – Grande ile	1988年	世界文化遗产
兰斯的圣母大教堂，圣勒弥修道院和塔乌宫	Cathedral of Notre-Dame, Former Abbey of Saint-Rémi and Palace of Tau, Reims	1991年	世界文化遗产
巴黎塞纳河畔	Paris, Banks of the Seine	1991年	世界文化遗产
布尔日大教堂	Bourges Cathedral	1992年	世界文化遗产
阿维尼翁：教皇宫，主教圣堂和阿维尼翁桥	Historic Centre of Avignon: Papal Palace, Episcopal Ensemble and Avignon Bridge	1995年	世界文化遗产
米迪运河	Canal du Midi	1996年	世界文化遗产
卡尔卡松历史要塞城堡	Historic Fortified City of Carcassonne	1997年	世界文化遗产

续表

中文名	英文名	列入时间	类别
比利牛斯－珀杜山	Pyrenees – Mont Perdu	1997年 1999年扩展范围，与西班牙共有	世界文化遗产
里昂的历史遗迹	Historic Site of Lyons	1998年	世界文化遗产
法国圣地亚哥－德孔波斯特拉朝圣之路	Routes of Santiago de Compostela in France	1998年	世界文化遗产
比利时和法国的钟楼	Belfries of Belgium and France	1999年 2005年扩展范围，与比利时共有	世界文化遗产
圣艾米伦区	Jurisdiction of Saint-Emilion	1999年	世界文化遗产
从卢瓦尔河畔的叙利至沙洛纳之间的卢瓦尔河谷	The Loire Valley between Sully-sur-Loire and Chalonnes	2000年	世界文化遗产
普罗万，中世纪古镇	Provins, Town of Medieval Fairs	2001年	世界文化遗产
勒阿弗尔，奥古斯特·佩雷重建之城	Le Havre, the City Rebuilt by Auguste Perret	2005年	世界文化遗产
波尔多，月亮港	Bordeaux, Port of the Moon	2007年	世界文化遗产
沃邦设计的堡垒建筑	Fortifications of Vauban	2008年	世界文化遗产
新喀里多尼亚潟湖：珊瑚礁多样性和相关生态系统	Lagoons of New Caledonia: Reef Diversity and Associated Ecosystems	2008年	世界文化遗产
阿尔比主教城	Episcopal City of Albi	2010年	世界文化遗产
留尼汪岛的火山峰、冰斗和峭壁	Pitons, cirques and remparts of Reunion Island	2010年	世界文化遗产
阿尔卑斯山周围的湖岸木桩建筑	Prehistoric Pile dwellings around the Alps	2011年与瑞士、奥地利、意大利、德国、斯洛文尼亚共有	世界文化遗产

续表

中文名	英文名	列入时间	类别
喀斯和塞文，地中海农牧文化景观	The Causses and the Cévennes, Mediterranean agro-pastoral Cultural Landscape	2011年	世界文化遗产
北加莱海峡的采矿盆地	Nord-Pas de Calais Mining Basin	2012年	世界文化遗产
阿尔代什省的肖维－蓬达尔克彩绘洞穴	Decorated cave of Pont d'Arc, known as Grotte Chauvet-Pont d'Arc, Ardeche	2014年	世界文化遗产
香槟地区的山坡葡萄园、酒庄与酒窖	Champagne Hillsides, Houses and Cellars	2015年	世界文化遗产
勃艮第葡萄园风土	Climats, Terroirs of Burgundy	2015年	世界文化遗产

★ 法国行政区划分

法国共有22个大区，大区是最大的行政划分区，由大区议会管理。大区会议议员每六年由直接普选产生，议会参与经济和社会领域的大多数事务的管理和财政拨款。

法国行政区划			
区名	州名英文	首府	英文名
大巴黎区	Ile-de-France	巴黎	Paris
香槟－阿登大区	Region Champagne-Ardenne	沙隆	Chalon
皮卡迪大区	Picardie	亚眠	Amiens
上诺曼底大区	Haute-Normandie	鲁昂	Rouen
罗亚尔河中部大区	Centre	奥尔良	Orleans
下诺曼底大区	Lower Normandy Region	卡昂	Caen
勃艮第大区	Burgundy	第戎	Dijon
北加莱海峡大区	Nord-Pas-de-Calais	里尔	Lille
洛林大区		梅斯	Mace
阿尔塞斯大区	Region Alsace	斯特拉斯堡	Strasbourg
弗朗什－孔泰大区	Franche-Comte	贝桑松	Besancon
卢瓦尔河下游大区	Pays-de-la-Loire	南特	Nantes
布列塔尼地区	brittany	雷恩	Rennes

续表

区名	州名英文	首府	英文名
普瓦图－夏朗德大区	Poitou-Charentes	普瓦捷	Poitiers
阿基坦大区	Aquitaine	波尔多	Bordeaux
比利牛斯山大区	Midi-Pyrenees	图卢兹	Toulouse
利穆赞大区	Limousin	利摩日	Limoges
隆河－阿尔卑斯大区	Rhone-Alpes	里昂	Lyon
奥弗涅大区	Auvergne	克莱蒙费朗	
朗格多克－胡西雍大区	Languedoc-Roussillon	蒙彼里埃	Montpellier
普罗瓦斯－阿尔卑斯－蔚蓝海岸大区	Provence-Alpes-Cote dAzur	马赛	Marseille
科西嘉大区	Corsica	阿雅克肖	Ajaccio

★ 女性与儿童健康

女性健康

在法国旅行，女性的卫生用品很容易获得，质量还比较好，避孕药品的选择比较多，也可以自己携带。

在法国气候炎热的地方，应保持良好的个人卫生习惯。可穿宽松的衣服和纯棉内裤，有助于防止真菌感染。尿道感染可能由脱水或长时间乘坐汽车而很少有机会上厕所所致，可携带适当的消炎抗生素。

儿童健康

儿童的抵抗力、耐性较差，出门旅游，应该注意选择卫生条件好、交通方便的旅游点。选择定点旅游，避免东奔西跑、天天换酒店。选择适合宝宝游玩的安全项目。

儿童的衣物、食品、药品、手推车等，要在行前准备好。喝牛奶的宝宝，要携带多个奶瓶替换，晚上回酒店要用热水消毒洗净，而且要带热水瓶。不要让孩子吃生冷的食物，如沙拉、冰水之类。

旅行时，婴幼儿可怀抱或让其坐推车，可行走的幼龄儿童要由成人搀扶。儿童好动，旅游中可能发生擦伤、跌倒、扭伤，甚至骨折，家长要密切留意孩子的举动。

在坐飞机或坐车时，要帮助或督促儿童系好安全带（婴幼儿抱在怀中），不要让他随便走动，防止颠簸时碰撞而受伤。儿童的情绪波动大，哭闹有可能妨碍他人休息，所以应做好安排，如让他看图书、听故事。飞机起降时，儿童会感到耳朵痛，让他们喝奶、咬奶嘴、嚼糖果有助减轻症状。

策　　划：马　瑞
责任编辑：马　瑞

图书在版编目（CIP）数据

法国旅行助手 /《出境旅行助手》编辑部编著. ——
北京：旅游教育出版社，2016.2
（出境旅行助手丛书）
ISBN 978-7-5637-3321-7

Ⅰ. ①法… Ⅱ. ①出… Ⅲ. ①旅游指南—法国 Ⅳ.
①K956.59

中国版本图书馆CIP数据核字（2015）第321581号

法国旅行助手

《出境旅行助手》编辑部　编著

出版单位：	旅游教育出版社
地　　址：	北京市朝阳区定福庄南里1号
邮　　编：	100024
发行电话：	(010) 65778403　65728372　65767462（传真）
本社网址：	www.tepcb.com
E-mail：	tepfx@163.com
印刷单位：	北京利丰雅高长城印刷有限公司
经销单位：	新华书店
开　　本：	787毫米×1092毫米　1/32
印　　张：	7.5
字　　数：	163千字
版　　次：	2016年2月第1版
印　　次：	2016年2月第1次印刷
定　　价：	39.00元

（图书如有装订差错请与发行部联系）